EKKEHARD MEFFERT – CARL GUSTAV CARUS

Carus-Porträt. Kreidezeichnung von Vogel von Vogelstein, 1828.

Carus ist im Alter von neununddreißig Jahren sehr ausdrucksvoll und physiognomisch getreu dargestellt. Es ist eine der besten Porträtzeichnungen von ihm. Carus beschreibt ihre Entstehung: «In jenen Jahren war auch auf dem Schlosse [Pillnitz] (...) Prof. Vogelstein beschäftigt (...) Wir wurden bald bekannt (...) und es hat derselbe dann damals auch einen sauber gezeichneten Kopf nach mir vollendet.»[1]

EKKEHARD MEFFERT

CARL GUSTAV CARUS

ARZT – KÜNSTLER – GOETHEANIST
EINE BIOGRAPHISCHE SKIZZE

PERSEUS VERLAG BASEL

Schutzumschlag, Vorderseite:
C.G. Carus: Blick auf Dresden mit Hofkirche und Schloß. Ölgemälde um 1830
(siehe auch Text zur Abbildung auf Seite 43)

Schutzumschlag, Rückseite:
Carus-Porträt von Julius Hübner. Öl auf Leinwand, 1844
(siehe auch Text im Verzeichnis der Abbildungen auf Seite 132)

Dieses Werk ist eine erweiterte und umgearbeitete Neufassung des Kapitels
«Carl Gustav Carus – eine biographische Skizze»
aus Ekkehard Mefferts vergriffener Schrift
«Carl Gustav Carus – sein Leben, seine Anschauung von der Erde»,
Stuttgart 1986

ISBN 3–907564–32–4

Korrektorat: Urs Meyer-Hala, Jávea

Register: Madlen Hauser, Dornach

Satz: Institout, Basel

Druck: Freiburger Graphische Betriebe

INHALT

Anhang

BIOGRAPHISCHES LEBENSMOTTO

(gleichermaßen gültig für das Leben von C.G. Carus und J.W. Goethe)

«Der Mensch soll ein ‹*Anthropos*›, ein ‹*nach oben Schauender*› sein, das liegt in seinem ganzen Wesen ausgedrückt (...) Der Mensch entwickelt sich nur durch den Menschen und innerhalb des Bundes der Menschheit, und wie zum Verständnis des eigenen Geistes, so muß auch im Näherbringen verschiedener fremder Individualitäten eines dem andern helfen ...»

Carl Gustav Carus

«Überall leuchtet [aus Goethes Lebenszeugnissen] hervor, wie die rechte Ausbildung seines Lebens – die *Lebenskunst* – ihn eigentlich viel tiefer beschäftigte als alles andere, ja, wie dieses andere vielmehr durchaus Blüten waren, welche frei und leicht von selbst hervortrieben, während jenes ernste Werk [der rechte Bau an der Pyramide seines Daseins] unaufhaltsam, mit Mühe und Aufopferung und rein absichtlich fortgeführt wurde.»[2]

Carl Gustav Carus

VORWORT

Die vorliegende biographische Skizze behandelt eine Gestalt aus dem Kreis der frühen Goetheanisten: den Arzt, Naturwissenschaftler, Naturphilosophen und Maler Carl Gustav Carus (1789–1869). Carl Gustav Carus wurde am 3. Januar 1789 geboren, war also mehr als eine Generation jünger als Goethe, als dessen Schüler er sich empfand und dessen erster Biograph er war. Mit Goethe hatte Carus die universale Bildung und den Blick für die ganzheitliche, organische Auffassung der Welt in ihren natürlichen und ideellen Erscheinungen gemeinsam; er war der einzige, von dem sich Goethe in seinen naturwissenschaftlichen Anschauungen verstanden fühlte. Auf Carus hat Rudolf Steiner (1861–1925) im Zusammenhang mit der Herausgabe von Goethes «Naturwissenschaftlichen Schriften» als kongenialen Geist und als Fortbildner von Goethes Naturanschauungen hingewiesen. Steiner hat in diesem Rahmen selbst drei Schriften von Carus ediert und kommentiert (1884–1897).[3] Er ist es auch, der C.G. Carus zu den «Goetheanisten» zählt.[4]

Carus hat fünfundfünfzig Jahre lang in Dresden gewirkt, der damaligen Hochburg der Romantik, als «Florenz des Nordens» ein kultureller Mittelpunkt. Er überschaute nicht nur das Wissen seiner Zeit, sondern war auf vielen Gebieten schöpferisch tätig: als Arzt, Gynäkologe und Physiologe war er berühmt, als Seelenforscher ein Begründer der modernen Psychologie. Als Geograph stand er mit Alexander von Humboldt in Verbindung, man kann ihn als einen Vater der heutigen Ökogeographie betrachten. Als Maler leistete er so Bedeutendes, daß seine Bilder oft mit denen seines Freundes Caspar David Friedrich verwechselt wurden. Mit Ludwig Tieck und anderen gehörte er dem Kreis um König Johann von Sachsen, den berühmten Dante-Übersetzer Philalethes, an.

Bei einem solch weit gespannten Leben ist es umso erstaunlicher, daß C.G. Carus praktisch kaum biographische Darstellungen zuteil geworden sind. Seine Gestalt ist nicht einmal in die Biographiensammlung «Die großen Deutschen» aufgenommen worden. Auf das Desiderat einer biographischen Skizze hat der Goethe-Forscher Paul Stöcklein bereits 1943 hingewiesen, als er schrieb: «Es gibt keine Carus-Biographie, auch keine ernsthafte Abhandlung über seine Persönlichkeit und Geistigkeit.» Noch heute erscheint eine biographische Darstellung notwendig, da in Deutschland keine eingehende Biographie von C.G. Carus im Buchhandel greifbar ist. Und dies, obgleich bedeutende Institutionen sich mit seinem Namen verbunden haben, wie die Medizinische Fakultät der Universität Dresden, das Carl-Gustav-Carus-Institut in Öschelbronn oder die Carl-Gustav-Carus-Akademie in Hamburg.[5]

Die hier vorgelegte Arbeit erschien ursprünglich im Zusammenhang mit der Herausgabe der «Zwölf Briefe über das Erdleben» (1841) von C.G. Carus, 1986 im Verlag Freies Geistesleben, Stuttgart, publiziert.[6] Sie wird nunmehr in revidierter und inhaltlich ergänzter Form separat veröffentlicht, da noch immer das Desiderat einer Carus-Biographie besteht.

Die in den achtziger Jahren in der ehemaligen DDR erschienene und inzwischen als Restauflage veräußerte Carus-Biographie von Wolfgang Genschorek[7] ist leider in zahlreichen Passagen deutlich marxistisch angehaucht, indem sie zum Beispiel den Zeithintergrund in eine dialektische, historisch-materialistische Betrachtung hineinzwängt und die Entwicklung der Naturwissenschaft von den Darwinschen Entwicklungsvorstellungen her interpretiert. Beides hätte Carus entschieden abgelehnt (vergleiche dazu seine beiden Essays: «Von den Anforderungen an eine zukünftige Entwicklung der Naturwissenschaft», 1822; «Über Begriff und Vorgang des Entstehens» 1854)[8].

Die ehemals relativ reichhaltige Carus-Literatur in der einstigen DDR, in der Carus die Funktion als literarisches Aushängeschild besaß, insbesondere in seiner Wahlheimat Dresden, ist durch die Wiedervereinigung gänzlich untergegangen. Zahlreiche Verlage mit zum Teil ehrwürdigen Namen sind durch den wirtschaftlichen Konkurrenzdruck aufgegeben worden oder mußten fusionieren; ihre Carus-Literatur ist vom Markt verschwunden. Erst jetzt, nach zehn Jahren der politischwissenschaftlichen Wiedervereinigung, machen sich erste literarische Ansätze bemerkbar, das schriftstellerische Werk von C.G. Carus nicht gänzlich der Vergessenheit anheimfallen zu lassen.

Der neugegründete Triptychon Verlag (Dresden) plant eine Carus-Gesamtausgabe, deren erster Band die «Briefe über Landschaftsmalerei» sein sollen.[9] An Spezialuntersuchungen ist eine Publikation von Stefan Grosche zu erwarten: «C.G. Carus und Goethe – eine kommentierte Edition des Briefwechsels.» Sie wird als Jubiläumsgabe der wissenschaftlichen Akademie «Leopoldina» im Jahre 2002 erscheinen.[10] Sie beinhaltet Teile der lesenswerten medizinhistorischen Dissertation von Stefan Grosche: «Lebenskunst und Heilkunde bei Carl Gustav Carus – anthropologische Medizin in Goethischer Weltanschauung» (Göttingen 1995).[11]

Die folgende biographische Skizze erhebt nicht den Anspruch einer vollständigen großen Carus-Biographie, sondern sie konzentriert sich auf ausgewählte Persönlichkeiten und Ereignisse, die auf Carus' universales Weltbild nachhaltigen Einfluß gehabt haben, so Dante, Alexander von Humboldt, Caspar David Friedrich und Johann Wolfgang von Goethe.

Wenngleich es heute nicht mehr der Anknüpfung an Goethe bedarf, um die Person von C.G. Carus einzuführen und bekanntzumachen, denn längst ist das Lebenswerk von Carus ein eigenständiges Forschungsgebiet verschiedener Disziplinen geworden, so erscheint auf der verborgeneren biographischen Ebene dennoch der Rückbezug auf die Goethe-Biographie außerordentlich sinnvoll und erhellend.

Goethe war nicht nur das große Lebensvorbild für Carus, sondern auch das erste biographische Beispiel, an dem Carus seine eigene biographische Methodik entwickelt hat (siehe seine Schriften: «Göthe – zu dessen näherem Verständnis», 1843, und: «Göthe und dessen Bedeutung für unsere und die kommende Zeit», 1863). Carus hat eine tiefe wahlverwandtschaftliche Beziehung zu den Gesetzen und Rhythmen der Goethe-Biographie empfunden. Insofern soll die ungleich bekanntere Goethe-Biographie als Okular zur Erschließung der Carus-Biographie dienen. Es sind also die Gründe einer inneren Kongruenz und wechselseitigen Erhellung beider Biographien und nicht nur der Anlaß des 250. Geburtstages von Goethe im Jahre 1999, die den Bezug zu Goethe nahelegen.

Beim erstmaligen Erscheinen der vorliegenden Carus-Biographie im oben angegebenen Zusammenhang (1986) hatte ich zahlreichen Persönlichkeiten für ihre Hilfe gedankt. Erinnernd gedacht soll werden: Herrn Karl Boegner/Berlin († 3. 10. 1988); Herrn Professor Georg Funk/Dresden († 13. 1. 1990) und Herrn Dr. Friedrich A. Kipp/Stuttgart († 30. 6. 1997).

Den Dank erneuernd, soll genannt werden: Herr Dietrich Rapp, der engagierte Betreuer der ersten Carus-Biographie.
Vor allem möchte ich Dank sagen für die vielfältige Unterstützung: meiner Frau, Barbara Meffert, außerdem meinem Sohn, Emanuel Meffert, und Herrn Berthold Büscher für ihre Hilfe auf dem Computer.

Das Erscheinen der revidierten und ergänzten Neuauflage der Carus-Biographie im Perseus Verlag wäre nicht möglich gewesen ohne das persönliche Engagement von Thomas Meyer. Es war sein Interesse an spirituell bedeutsamen Biographien, die zur Aufnahme der Carus-Biographie in das Verlagsprogramm geführt haben. Ihm gebührt daher ein besonderer Dank.

Bonn, im Goethe-Gedenkjahr, August 1999 *Ekkehard Meffert*

DIE JUGEND- UND STUDIENZEIT IN LEIPZIG

Carl Gustav Carus, der Arzt, Naturforscher, Naturphilosoph, Psychologe und Künstler, wurde am 3. Januar 1789 in Leipzig geboren, unter dem Sternbild des Steinbocks, in der Zeit der Zwölf Heiligen Nächte. Es ist das welthistorische Jahr des Ausbruchs der Französischen Revolution, die Europa politisch erschüttert und umgestaltet. Das Geburtsdezennium vor dem Ausbruch der Französischen Revolution hat Carus mit Eichendorff (* 1788), Schopenhauer (* 1788) und den Gebrüdern Grimm (* 1785 bzw. 1786) gemeinsam. Allein schon diese Namen zeigen an, daß Carus im geistig äußerst anregenden Spannungsfeld von Klassik und Romantik lebt. Aber auch das mächtige Heraufkommen der Naturwissenschaft und der industriellen Revolution prägt sein langes, erfahrungsreiches Leben.[12]

Die Eltern von Carl Gustav Carus sind August Gottlob Ehrenfried Carus (1763–1842), aus Dahme in der Mark stammend, und Christiane Elisabeth, geb. Jäger (1763–1846) aus Mühlhausen in Thüringen. In der väterlichen Vorfahrenlinie finden sich meist Handwerker, in der mütterlichen dagegen mehrere Lehrer, Naturforscher und Ärzte. Die Eltern bewohnen ein Haus am Rande des Rosentals in Leipzig, wo der Vater als Pächter eine kleine Färberei betreibt. Carus stammt also aus relativ einfachen Handwerkerverhältnissen. Umso erstaunlicher ist die sorgfältige private Erziehung, die der Vater dem geliebten einzigen Sohn durch verschiedene Hauslehrer angedeihen läßt. Einen nicht geringen Einfluß auf den wißbegierigen Knaben üben die zahlreichen gebildeten Besucher aus, die das gastfreundliche Elternhaus besuchen, nachdem der Vater es zu mäßigem Wohlstand gebracht hat.

«So bildete sich, gefördert durch das heitere und angenehme Wesen meiner Mutter, ein Kreis von Freunden um unser Haus, wie er sonst vielleicht nur selten in einer einfachen bürgerlichen Existenz gefunden wird.»[13]

Zu nennen sind die bekannten Verleger Christoph Gottlob Breitkopf, Gottfried Christoph Härtel[14] und Georg Joachim Göschen, der Thomaskantor August Eberhard Müller, der Naturforscher Wilhelm Gottfried Tilesius, der entfernt verwandte Philosophieprofessor Friedrich August

Carus sowie der Musikschriftsteller und Goethefreund Friedrich Rochlitz. Diese weltoffene, gastliche Atmosphäre des Elternhauses hat den Knaben C.G. Carus stark geprägt, der – auch wegen des Privatunterrichts – sonst eher zur Einsamkeit neigt.

«Ich selbst (...) hatte stets etwas mehr in mich Gekehrtes, fast mitunter Verschlossenes und Scheues (...) Ich lebte auch eigentlich mehr sozusagen in mich hinein als aus mir heraus.»[15]

Mit zwölf Jahren kommt C.G. Carus erstmals auf eine öffentliche Schule, die berühmte Thomasschule in Leipzig, die er von der Sekunda an drei Jahre lang als Externer besucht (1801–1804). Allerdings bietet diese ganz auf das Studium der klassischen Sprachen ausgerichtete Schule dem vor allem naturkundlich interessierten Knaben wenig konkreten Stoff. Umso bedeutungsvoller ist die Bekanntschaft mit dem Zeichenlehrer Julius Dietz (1770–1843), mit dem er die Landschaft um Leipzig durchwandert und unter dessen Anleitung er sorgfältige Studien von Felsen, Pflanzen und Bäumen anfertigt. Hier liegt der Quellort für den späteren, künstlerisch hochbegabten Wissenschaftszeichner und Landschaftsmaler Carus. 1804 unternehmen Dietz und Carus sogar eine erste Fußwanderung nach Dresden, um dort die Schätze der Gemäldegalerie zu bewundern.

Nach nur dreijährigem Schulbesuch wird dem erst fünfzehnjährigen Carl Gustav von den Lehrern der Universitätsbesuch empfohlen. Sie erklären ihm, wie Carus schreibt: «Für die naturhistorischen und chemischen Studien, die ich damals allein auf der Universität zu verfolgen beabsichtigte, habe ich nun klassische Nahrung genug eingesammelt, und ich könne denn unter die Zahl der akademischen Bürger jetzt aufgenommen werden.»[16]

Schicksalsmäßig hat bei dem Entschluß zum Studium der Goethefreund Friedrich Rochlitz (1769–1842) im Verborgenen entscheidend mitgewirkt; er bekennt sich später einmal in einem Brief an Goethe dazu: «Gern sagte ich Ihnen von diesem trefflichen Manne als Gelehrten, Arzt, Künstler und reinem, einfach-edlem, liebenswürdigem Menschen, recht vieles, wenn ichs nur mündlich könnte. Und dieser Carus sollte ein Wollfärber werden; und Gott ließ mirs gelingen, daß ich, bekannt mit seinen Eltern, den Knaben auf die rechte Bahn bringen half!»[17] Dieses «geheime» Mitwirken von Rochlitz ist kaum bemerkt worden.

Am 21. April 1804 beginnt Carus sein Studium an der Universität Leipzig, wo er zunächst Chemie, Physik und Botanik, später auch Zoologie, Geologie und Mineralogie belegt. Im Jahre 1806 wechselt Carus, durch entschiedene Fragen des Vaters nach dem Berufsziel gedrängt, zur Fachrichtung Medizin über, namentlich deshalb, weil der Arztberuf «die reichste Gelegenheit darböte, mit allen Zweigen des Naturstudiums stets in innigster Berührung zu verbleiben».[18]

Die Entscheidung zu diesem Studienfachwechsel und für den Arztberuf fällt in einem langen Gespräch mit einem Verwandten, dem Professor Friedrich August Carus. Im Verlauf der Unterredung hat der siebzehnjährige Carl Gustav Carus wie in einer prophetischen Vorschau auf sein späteres Berufsleben ausgerufen, «diese Wissenschaft sei noch so wenig abgeschlossen und beendet, daß man viel Hoffnung hegen dürfe, hier könne es gelingen, manch Neues zu erfinden, manches Altes zu verbessern und manche unentdeckte Wahrheit aufzudecken».[19]

Carus beginnt mit anatomischen Studien bei Christian Rosenmüller (1771–1820); die vergleichende Anatomie bleibt stets eines seiner Lieblingsfächer. «Ich war überall genau bewandert, half mir noch mit vielfältigen Zeichnungen, die ich nach der Natur und nach guten Originalen ausführte, und so hatte ich denn später auch wirklich die Satisfaktion, bei einem Examen besser in der feinern Anatomie bewandert zu sein als mein Examinator.»[20]

Wichtig ist für Carus vor allem noch die Physiologie bei dem bedeutenden Lehrer Karl Friedrich Burdach (1776–1847), der das für die goethesche Art der Naturbetrachtung so bedeutsame Schlüsselwort «Morphologie» im Jahr 1800 prägte. Burdach (später in Dorpat auch der akademische Lehrer von Karl Ernst von Baer, der das Säugetier-Ei entdeckte[21]) regt Carus zu experimentellen Untersuchungen des Zentralnervensystems an. Dieses Gebiet bleibt für Carus zeitlebens eines der wissenschaftlichen Hauptthemen. So kündigen sich durch seine beiden Lehrer Rosenmüller und Burdach mit der «Vergleichenden Anatomie» und «Morphologie» bereits sehr früh in seinem Leben die Zauberworte für sein wissenschaftlich-goetheanistisches Streben an.

Neben seinem Medizinstudium beschäftigt sich Carus weiterhin mit dem Zeichnen – er besucht ein Jahr lang die von J.F.A. Tischbein (1750–1812) geleitete Zeichenakademie auf der Pleißenburg –, außerdem mit Musik und Literatur. In einem studentischen Lesekreis lernt er dabei seinen späteren Freund und Briefpartner Johann Gottlob Regis (1791–1854) kennen, den nachmaligen Übersetzer von Rabelais und Shakespeare. Nach dem theoretischen Medizinstudium beginnt Carus 1809 mit der klinischen Ausbildung am St.-Jakob-Hospital in Leipzig. Dort hat er das Glück, in dem Direktor J.Chr.L. Reinhold (1769–1809) und in dem Chirurgen J.Chr.A. Clarus (1774–1854) hervorragende Lehrer zu finden. Dann holt ihn der Mitbegründer der modernen Gynäkologie, J.Chr.G. Joerg (1779–1856), an das Triersche Institut – die damalige Leipziger Entbindungsanstalt, aus der die heutige Universitäts-Frauenklinik hervorgegangen ist – und gibt ihm zugleich die Möglichkeit, in seiner allgemeinen ärztlichen Praxis mitzuarbeiten. Hier entwickelt sich nicht nur der spätere große Gynäkologe Carus, sondern vor allem auch der pflichtbewußte, von einem hohen ethischen Ideal beseelte Arzt, der er sein Leben lang geblieben ist.

Rückblickend stellt Carus fest: «Ich darf sagen, daß ich schon dazumal (...) den Beruf des Arztes nur in einem würdigen und großen Sinne gefaßt hatte; die Annäherung der Heilkunst an das Priestertum, welche schon die alten Geschichten griechisch ärztlichen Tempeldienstes mir deutlich werden ließen, trat mir noch weit näher, indem sich mir jetzt ein lebendiger Blick in die unzähligen Formen menschlicher Leiden und menschlichen Elends eröffnete.»[22]

Seine ärztliche und wissenschaftliche Ausbildung beschließt C.G. Carus bereits mit zweiundzwanzig Jahren. Zunächst promoviert er am 24. März 1811 zum Dr. phil., wobei ihm gleichzeitig die Bezeichnung eines Magister liberalium artium verliehen wird. Um selbst an der Universität Vorlesungen halten zu können, habilitiert sich Carus im gleichen Jahr innerhalb der philosophischen Fakultät mit der für sein Streben bezeichnenden lateinischen Dissertation (Habilitationsschrift): «Dissertatio sistens specimen biologiae generalis» (Entwurf einer allgemeinen Lebenslehre), die er am 11. Oktober 1811 in einer öffentlichen Disputation erfolgreich verteidigt. Dadurch erhält der junge Doktor der Philosophie die Erlaubnis, als Privatdozent (Magister legens) Vorlesungen zu halten. Zur Abrundung seiner Qualifikation promoviert Carus schließlich noch am 20. Dezember 1811 in der medizinischen Fakultät mit der Dissertation «De uteri rheumatismo» (Über die rheumatische Entzündung des Gebärmutter-Muskelgewebes) zum Dr. med. Auch von seinem Vorlesungsrecht macht der dreiundzwanzigjährige Privatdozent Carus alsbald Gebrauch, und er kündigt 1812 an der Leipziger Universität die später gut besuchten «Vorlesungen über einen Teil der Vergleichenden Anatomie» an. Damit steigt er mutvoll in ein noch unerschlossenes Wissenschaftsgebiet ein, das seinen akademischen Ruhm begründet und ihn auf die Bahn Goethescher Naturbetrachtung innerhalb der vergleichenden Morphologie führt.

Im persönlichen Bereich hat sich etwa um das einunzwanzigste Lebensjahr eine Veränderung im Leben des angehenden Arztes angebahnt: Er begegnet der jüngeren Stiefschwester des Vaters, der gut vier Jahre älteren Caroline Carus (* 12. 11. 1784, † 15. 3. 1859), die seit 1805 im Haus der Eltern lebte. Carus schreibt: «Das freundliche hübsche Mädchen wollte niemand recht als eine Tante von mir gelten lassen, und bald hatten wir jungen Leute uns recht aneinander gewöhnt; wir lasen abends, wenn ich mit meinen Arbeiten fertig war und sie für meine Mutter die Wirtschaft besorgt hatte, manches zusammen, und wir mochten uns in kurzem recht gern.»[23]

Gleiche Interessen und ähnliche Charakteranlagen lassen aus diesem freundschaftlichen Verhältnis bald tiefe Zuneigung werden. Als der Abschluß des Studiums und damit die wirtschaftlichen Verhältnisse es erlauben, heiraten Caroline und Carl Gustav am 1. November 1811 in Leipzig. Caroline hat insgesamt elf Kinder geboren, von denen aber nur sechs heranwuchsen; sie war nach allen Zeugnissen eine sehr sanfte, gemütstiefe und dienende Seele, die ganz bewußt im Schatten ihres großen Mannes geblieben ist und ihm voller Hingabe die Familie und das Haus versorgt hat. Ohne sie hätte Carus seinen stetigen, arbeitsreichen Lebensweg wohl kaum gehen können. Ihre Ehe war ausgesprochen glücklich und blieb ungetrübt bis zum Tode von Caroline. Damit zeigt sich also im persönlichen Bereich bei Carus eine ungemein harmonische und konsequente Schicksalsführung.

Ein bedeutsamer Knotenpunkt im Leben des jungen Arztes Carus und seiner Familie wird das Jahr 1813, als der Gang der Weltgeschichte auch sein stilles Wissenschaftlerleben erreicht. Immer deutlicher zeichnet sich das Gebiet um Leipzig als Aufmarsch- und Entscheidungsraum ab in der Auseinandersetzung zwischen der großen Armee Napoleons, auf dessen Seite der König von Sachsen steht, und den verbündeten Heeren der um Befreiung vom Napoleonischen Joch kämpfenden Völker: Rußland, Preußen, Österreich. An Vorlesungen ist für Carus nicht mehr zu denken. Als im April 1813 in den Ebenen um Leipzig die feindlichen Heere aufeinandertreffen, am 3. Mai bei Lützen eine erste erbitterte Schlacht tobt und Tausende von Toten und Verwundeten das Schlachtfeld bedecken, wird Carus die Leitung eines französischen Lazaretts übertragen, das außerhalb von Leipzig in einem Bauernhof eingerichtet ist. Dort erlebt er tief erschüttert, wie wenig Vorsorge von den Regierenden für die auf den Schlachtfeldern dahingeopferten Menschen getroffen wird. Er gewahrt bei den Visiten mit Entsetzen, «... mit welcher Gleichgültigkeit da über Hunderte von Kranken hingeeilt wurde, kaum einmal mit Ernst bedenkend, um was es sich eigentlich handele».[24] Und so geißelt er, tief im Innern aufgewühlt, mit eindringlichen Worten diese düstere Seite der Eroberungskriege. Er schreibt: «Erwäge ich jene Zeit recht, so war es im Grunde hier zum ersten Mal, daß es mir deutlich fühlbar wurde, wie gering ein menschliches Dasein oft auf der großen Rechentafel der Welt zu zählen scheint. Ein reiches Land gab hier die Blüte seiner jungen Mannschaft her, Tausende von Familien mußten hierher senden, was lange Jahre mit Liebe und Sorgfalt und voller Hoffnung von ihnen gepflegt worden war, und wie sorglos wurde damit umgegangen! Unzählige hatten kaum vor einem Jahr in Rußlands Eisfeldern ihren Tod gefunden, sehr viele waren jetzt wieder dem feindlichen Geschütz geopfert worden, und nicht wenigere hatten harte Verwundungen oder schwere Erkrankungen sich geholt und lagen nun auf dem Stroh der Spitäler, großenteils unwissenden Ärzten und ungenügender Kost und Pflege anheimgegeben, so daß, wer äußern Feinden entgangen war, oft den innern erlag! Ganze Generationen wurden so niedergemäht von dem unerbittlichen Engel der Verwüstung, und niemand war, der da schien des einzelnen zu achten. Gewiß, es ist nicht möglich, von dem wundervollen Bau des Menschen und von der Würde der Anlagen des menschlichen Geistes einen hohen Begriff erlangt zu haben und sich nicht tief erschüttert zu fühlen, wenn man solcher – man kann es nicht anders ausdrücken – Mißachtung der Menschheit in Massen gewahr wird!»[25]

Es sind dies die bekenntnishaften Worte eines Arztes, der sein Leben lang den Menschen als Individuum aufs höchste geachtet und versucht hat, seine Leiden durch ärztliche Heilkunst zu lindern. Seine Gedanken und Erlebnisse haben sehr viel Ähnlichkeit mit jenen späteren von Henri Dunant (1828–1910), die dieser nach den Eindrücken der Schlacht von Solferino/Oberitalien am 24. Juni 1859 (Krieg Napoleons III. gegen Österreich) hatte und die ihn in seiner moralischen Phantasie schließlich zu dem wegweisenden Menschheitsimpuls der Begründung des Roten Kreuzes führten (1. Friedensnobelpreis 1902).[26]

TODESNÄHE UND LEBENSUMSCHWUNG

Im Oktober/November 1813, kurz vor seinem fünfundzwanzigsten Geburtstag, hat Carus eine sein Leben verändernde, entscheidende Gesundheitskrise. Er infiziert sich bei seiner aufopferungsvollen Tätigkeit im Lazarett in Leipzig mit Typhus und schwebt mit hohem Fieber drei Wochen zwischen Leben und Tod.

Sein ihn behandelnder ärztlicher Lehrer und Freund Clarus hat ihn bereits aufgegeben. Dieses sich über längere Zeit hinziehende Verweilen in unmittelbarer Nähe der Todesschwelle hat eine völlige körperliche und seelisch-geistige Umschmelzung zur Folge. Diese Krankheit bedeutet für Carus eine Katharsis und eine partielle Geburt in die geistige Welt. Er schreibt darüber: «Eigentlich darf ich sagen, daß einundzwanzig Tage aus dem Bewußtsein meines Lebens bis auf wenige phantastische Erscheinungen vollkommen gestrichen sind. Sowie das Fieber stieg, hatten meine Gedanken allen Halt verloren, und durchgehenden Rossen vergleichbar verloren sie sich in die wunderlichsten Gefilde (...) Die Fieberglut stieg immer mehr, so lag ich wie im Traum befangen mit zusammengefallenem Körper, trockener schwarzer Zunge und unfähig zu irgendeiner verständigen Mitteilung. Nach verschiedenen Anzeichen konnte sich mein Arzt mit Recht die Ansicht gebildet haben, ich sei nicht mehr zu retten. Vielleicht wäre ich auch wirklich verloren gewesen; aber so wie am Ende alle die wunderlichen Lebensprozesse, welche eine Krankheit wieder zur Genesung führen, nur vom Unbewußten unserer Psyche ausgehen können, so erwacht auch zuweilen im bewußten Vorstellungsleben in dergleichen kritischen Lagen eine eigene, vom Unbewußten diktierte Gedankenfolge und leihet dann dem, was man die Heilkraft der Natur oder den Arzt im Menschen nennen kann, bestimmte Worte, mitunter so die glücklichsten Resultate herbeiführend. Also ging es auch mir! Ein prophetisches Gefühl machte sich geltend, und es erwachte plötzlich in mir eine unwiderstehliche Sehnsucht nach einem Bade (...) Und so wurde denn gegen Abend mit Aufgüssen aromatischer Kräuter eine solche Labung mir bereitet. Es ist merkwürdig, der einzige ganz klare und darum auch in der Erinnerung mir ganz lebendig gebliebene Moment in diesem gewaltigen Krankheitssturm war der, wo man mich in das Bad legte. Mit einem Male wähnte ich das Gefühl erneuter Gesundheit zu empfinden, daß die Angst der Krankheit von mir wich und ich, zur größten Verwunderung meiner Umgebung, wie halb träumend anfing aus Goethe zu rezitieren: ‹O! wüßtest du, wie's Fischlein ist so wohlig auf dem Grund› (...) Bald aber verließen mich die Sinne; allein (...) *ein entschiedener Wendepunkt war gegeben, und von diesem Tage an schrieb sich nun eine allmählich fortschreitende Besserung* (...) Ich fühlte es, so wie ich mich vollkommen erholte: mein Leben war ein anderes geworden. Meine körperliche Konstitution kräftigte sich in einer Weise, wie ich sie früher nicht gekannt hatte; manches zu Weiche, fast Kindliche meines Gemütes nahm eine mehr männliche Gestalt an und (...) so erreichte ich von nun an leichter das, was dem wahrhaft philosophischen Geiste vorzugsweise eignet: die reinere, edlere Form des Gedankens und die größere Tiefe der Idee.»[27]

Carl Gustav Carus hat in seiner Biographie über sein Lebensvorbild Goethe («Göthe – zu dessen näherem Verständnis», Leipzig 1843) darauf aufmerksam gemacht, daß zu der scheinbar gottgegebenen «Ur-Gesundheit» Goethes immer wieder lebensbedrohliche Krankheiten gehört haben. So ist Goethes Gesundheit in Wirklichkeit eine errungene Gesundheit, zu der überwundene, das heißt «gesundende Krankheiten» unabdingbar dazugehören.

C.G. Carus schreibt als Mediziner zur Konstitution Goethes: «Gerade eine von Grund auf gesunde Natur äußert sich eben so darin, daß sie auch, wenn man so sagen darf, ‹gesunder Krankheiten› fähig ist.»[28]

Die neuere biographische und medizinische Erforschung von Goethes Leben bestätigt den Gesichtspunkt von Carus. Sie hat etwa sechs lebensbedrohende Gesundheits- und sechs Unfall- und Seelenkrisen in Goethes Biographie aufgedeckt.

Der heutige Arzt Frank Nager schreibt in seiner medizinischen Goethe-Biographie: «Ein legendäres, über Jahrhunderte gründlich verfälschtes Heroenbild [= Goethebild] ausgeglichener körperlicher Gesundheit und seelischer Harmonie verbirgt einen Leidgeübten, dessen meisterhaft gelungenes Leben, durch eine schicksalshafte Verflochtenheit mit Krankheit und durch eine vorbildliche Meisterung, ja schöpferische Nutzung körperlicher und seelischer Leiden geprägt ist. ‹Der Mensch, der nicht geschunden wird, wird nicht erzogen.› Dieses pädagogische Urwort wählte Goethe als Motto zu seiner ‹Dichtung und Wahrheit›, seiner autobiographischen Altersrückschau (...)

Abb. 1: C.G. Carus: Selbstporträt im Alter von dreiunddreißig Jahren. Bleistiftzeichnung, 1822. Das Bildnis ist wenige Tage nach der Rückkehr aus Leipzig von der Gründungsversammlung Deutscher Naturforscher und Ärzte vollendet. Es trägt die Signatur: «C.G.C. den 2. Okt. 1822». Es ist also eine authentische Zeichnung, aber Carus hat sich offensichtlich physiognomisch nicht sehr gut getroffen. Das Antlitz ist zu breit geraten, und auch das krause Haar erscheint ungewöhnlich an Carus.

Lebensbedrohliche Krankheiten haben ihn [Goethe] sechsmal an den Rand des Grabes gebracht; und diese Todeskrisen haben ihn – dies ist das Außergewöhnliche! – jeweils tief verwandelt und ihn geistiger – gereift zu ‹höherer Gesundheit› – wiedergeboren (...) Veränderung, Metamorphose, Stirb und Werde ist das Grundgesetz seines körperlichen und seelischen Leidens.»[29]

Diese Sätze treffen auch auf die Gesundheits- und Seelenkrisen von Carl Gustav Carus in vollem Umfang zu. Das Leipziger «Nah-Todes-Erlebnis» von Carus (Oktober/November 1813) entspricht in mehrfacher Hinsicht den Wirkungen des Leipziger Blutsturzes Goethes vom Juni 1768.

Im Bezug auf Goethe ist es dabei relativ unerheblich, ob es sich medizinisch gesehen um eine Lungen- oder eine Magenblutung gehandelt hat. Wichtig ist, daß der neunzehnjährige Jurastudent Goethe, der todkrank von Leipzig nach Frankfurt zurückkehrt, in seinem Elternhaus eine langwierige Rekonvaleszenz durchmacht, die ihm zur Lebenswende wird. Unter dem Einfluß der Pietistin Susanne von Klettenberg, jener «schönen Seele», der er später unter diesem Namen in «Wilhelm Meister» ein literarisches Denkmal setzt, öffnet sich Goethe für die religiöse Welt und beginnt das lebenslange Studium alchemistischer, mystischer, hermetischer und naturphilosophischer Schriften. In dieser Lebenswende wird der Esoteriker in Goethe geboren, der «versteckte Eingeweihte», der ein unmittelbares Gespür für die Realität der geistigen Welten hat.

Rudolf Steiner schildert aus seiner Geistesforschung heraus, daß durch die schwere, in die Todesnähe führende Krankheit des neunzehnjährigen Goethe sich dessen Wesensglieder lockerten. Insbesondere der Äther- oder Lebensleib löste sich derartig stark, daß er nie mehr in einen ganz engen Zusammenhang mit dem physischen Leib kam. Dadurch konnte Goethe übersinnliche Ahnungen und Erfahrungen haben und diese in das Irdische hineintragen.[30]

Man darf der lebensbedrohenden Typhus-Erkrankung von Carus in Leipzig (1813) eine ähnliche Schwellenfunktion zuschreiben wie in der Biographie Goethes dem Blutsturz in Leipzig. Auch in der Carus-Biographie wird von nun an eine bewußte Offenheit gegenüber der geistigen Welt als Realität bemerkbar, wie er sie selbst beschreibt.

DER WECHSEL DES ORTES – DER LEBENS- UND SCHICKSALSRAUM DRESDEN

Nach dieser inneren Lebenswende erfolgt dann auch recht bald die entscheidende äußere Wende für den fünfundzwanzigjährigen Carus. Zunächst nimmt der wieder Genesene seine Tätigkeit als Assistent im Trierschen Entbindungsinstitut sowie als Armenarzt des Grimmaischen Stadtviertels in Leipzig auf. Im Jahre 1814 hat Carus die Freude, daß sein umfangreiches Werk «Versuch einer Darstellung des Nervensystems und insbesondere des Gehirns nach ihrer Bedeutung, Entwicklung und Vollendung im thierischen Organismus» bei Breitkopf und Härtel in Leipzig erscheint. Dieses Werk begründet zusammen mit seinen Leipziger Vorlesungen über vergleichende Anatomie seine wissenschaftliche Reputation. So erhält er im Frühjahr auf Anregung seines ehemaligen Lehrers Burdach das vorläufige Angebot einer Professur für Anatomie und Physiologie an der deutschen Universität in Dorpat/Rußland (heute Tartu/Estland).

Im Sommer 1814 folgt der entscheidende Lebensumschwung mit dem Angebot einer Professur an der Provisorischen Lehranstalt für Medizin und Chirurgie in Dresden (später Medizinisch-Chirurgische Akademie). Diese Professur ist bei einer nur mäßigen Dotierung von 500 Talern und freier Wohnung verbunden mit der Leitung der Entbindungsanstalt. Vielleicht ist es gerade diese von Carus als glücklich empfundene Verbindung von lehrender und medizinisch praktizierender Tätigkeit, die ihn veranlaßt, dem Angebot näherzutreten. Er reist im Oktober 1814 für einige Zeit nach Dresden, um die Lage zu sondieren. Am 22. November 1814 schreibt er von dort an seinen Freund Regis in Leipzig: «… Was im ganzen meine Lage hier in Dresden anbelangt, so [ist] (...) das Mißlichste daran (...) ohnfehlbar, daß sie nicht vollkommen gesichert, nicht von allen Seiten gewiß ist, allein, was hat denn endlich der Mensch ganz gewiß?»[31] Trotz aller Ungewißheiten der Verhältnisse (zum Beispiel provisorische russische Landesverwaltung, Akademie nur als Gründungsplan usw.) entschließt sich Carus für die Annahme des Angebotes und leitet im November 1814 den Umzug nach Dresden ein. Leicht ist Carus der Abschied von Leipzig nicht gefallen; das zeigt der Bericht über die Aufgabe seiner Funktion als ehrenamtlicher Armenarzt im Grimmaischen Stadtviertel von Leipzig: «Als viele dieser Bedrängten (...) mir mit Tränen die Hände reichten (...), da empfand ich es wohl, was es mit dem großen, rein menschlichen Berufe des Arztes für eine Bewandtnis habe, und erkannte es zugleich, daß die wahre Belohnung eines echten ärztlichen Wirkens in einem anderen Buche niedergeschrieben werde als in dem Kontobuche des Kaufmanns.»[32]

Dennoch ist der Ortswechsel nach Dresden für Carus ein schicksalshaft entscheidender Schritt. Im Lebensrückblick schreibt er über diese Lebenssituation: «… und als ich nun bald ganz unerwartet einen zweiten Antrag erhielt, nämlich den, bei der neu zu organisierenden Akademie für Chirurgie und Medizin in Dresden eine Professur zu übernehmen, so bewegte mich auch dies damals nicht in dem Maße, als man hätte erwarten dürfen, wenn man bedenkt, daß gerade an diesen Ruf der wichtigste Wendepunkt meines Lebens geknüpft sein sollte. Ich ahnte keineswegs, wie wichtig für mein inneres und äußeres Leben gerade diese Übersiedlung mir werden würde …»[33]

Man kann den lebenswendenden Schritt des fast sechsundzwanzigjährigen Carus von Leipzig nach Dresden, wo er fünfundfünfzig Jahre seines achtzig Jahre währenden Lebens wirken sollte, nur vergleichen mit dem Schritt des sechsundzwanzigjährigen Goethe von Frankfurt nach Weimar (im November 1775), wo er sechsundfünfzig Jahre wirkt. Es ist dies keine äußere, sondern eine tief innere Lebensparallelität.

Rudolf Steiner hat darauf hingewiesen, wie geradezu schicksalsmäßig notwendig der Wechsel des sechsundzwanzigjährigen jugendlichen Goethe von Frankfurt nach dem ruhigen Weimar für seine geistige Entwicklung war. Eine ähnliche höhere Schicksalsnotwendigkeit dürfte auch bei dem Wechsel des nahezu sechsundzwanzigjährigen Carus von Leipzig nach Dresden vorgelegen haben.[34]

In Dresden, der Barockstadt mit ihren herrlichen Bauten und Sammlungen, in dieser Kunst- und Wissenschaftsmetropole an der Elbe, betritt Carus den eigentlichen Erdenraum seines Schicksals. Hier verankert er sich mit unzähligen geistig-seelischen Wurzelfasern. Diese Stadt, die Herder einst «das deutsche Florenz» genannt hat, ist der Künstler- und Wissenschaftlernatur von Carus kongenial. Hier reift er in der bewußten Nachfolge Goethes in einem langen, reichen Leben, gleich einer langsamwüchsigen, tiefgegründeten Eiche, zur universal gebildeten Persönlichkeit heran. Ein langer Lebensatem und eine große Ortskonstanz walten über seinem Schicksal. Jeder Mensch trägt ja unbewußt

Abb. 2: C.G. Carus: Kahnfahrt auf der Elbe, 1827. Wir blicken mit den Augen eines Mädchens aus einer Elbgondel über den Fluß auf die bezaubernde Silhouette von Dresden mit seinen Türmen und Kuppeln sowie der Elbbrücke. Dieses «Florenz des Nordens» ist als Musik-, Malerei-, Literatur- und Wissenschaftsmetropole, das heißt als ein Kulturbrennpunkt des 19. Jahrhunderts für fünfundfünfzig Jahre der wesensgemäße Wirkensraum von Carus.

eine «innere Lebensuhr» in sich über die zeitliche Länge seines Erdenlebens, was R. Steiner einmal an der Geruhsamkeit des langen Goethelebens (Analoges gilt für Carus) und der Vehemenz des kurzen Schillerlebens verdeutlicht.

Mit dem Betreten des Dresdner Bodens wandelt sich der biographische Rhythmus in seinem Leben; äußere Ereignisse treten fast ganz zurück und üben kaum mehr einen entscheidenden Einfluß auf seine innere Entwicklung aus. Von nun an dominiert in seiner Biographie die rein seelisch-geistige Entwicklung, die sich in einer Fülle von wissenschaftlichen und künstlerischen Werken manifestiert. In der Dresdner Zeit entstehen rund achtzig selbständige Schriften, darunter siebzehn naturwissenschaftliche, elf philosophische oder psychologische und sechzehn allgemein kulturhistorische Werke, die teilweise zwischen 300 und 800 Seiten stark sind.[35] Hinzu kommt ein malerisches Werk von über 400 Bildern. Carus' nach außen hin völlig undramatisches Leben zeitigt als Frucht der seelischen Entwicklung einen wahren Kosmos von Ideen und ein vom Umfang her kaum faßbares Œuvre, das nur durch eine strenge Zeitökonomie hat entstehen können.

Ohne diesen Hintergrund könnte der streng geordnete Tageslauf, so wie Carus ihn in einem Brief an Regis beschreibt, fast pedantisch anmuten. Er schreibt 1818 aus Dresden: «Ich selbst befinde mich gut, stehe jetzt alltäglich früh um 5 Uhr auf, arbeite teils an meiner Gynäkologie, lese die dazu nötigen Schriftstellen, denke über meine mathematisch geordnete Physiologie, gebe die nötigen Vorlesungen, und wenn mir etwa zur guten Stunde das Glück die lichte Idee eines Bildes zuführt, schnell ist in der Nebenstube, die jetzt wieder ganz zur Werkstatt umgeschaffen ist, das Feuer angezündet, und alles zum Malen Notwendige steht mir sogleich zur Hand. Ich schließe ab und erwarte still, was der Herr beschert. Abends esse ich gewöhnlich wieder nicht, sondern, wenn die Meinigen abgegessen haben, gehe ich vor, und wir lesen noch etwas zusammen, nachdem die Kinder zur Ruhe sind (...) Halb zehn gehe ich zu Bette, lese zuweilen noch etwas und schlafe dann flugs und fröhlich ein.»[36] Aus diesem Brief werden die äußerste Konzentration dieses Lebens sowie der zeit- und kraftspendende Rhythmus deutlich, denn Carus scheint trotz aller Arbeitslast stets Zeit gehabt zu haben. Er steht den ewig betriebsamen Menschen, die am Ende keine Ernte haben, unendlich fern.

Was also äußerlich nach Gleichmaß ausschaut, ist innerlich gesehen die harmonische – im Sinne des Goetheschen Metamorphosegedankens

– ganz regelhafte spiralförmige Entfaltung eines biographischen Lebensorganismus, eines mächtigen, weit ausladenden «Lebensbaumes». Es ist die Erfüllung des höheren Gesetzes, nach dem er als Individualität angetreten ist, die über dem langen reichen Leben von Carus steht. Er spricht es mit seinem ganz «griechischen» Denken einmal selbst wie in einem Leitwort folgendermaßen aus: «Es drängt mich im Grunde alles nur zu einer rein menschlichen Existenz. Wie ich von Gott aufrecht auf diese Erde gesetzt worden bin, um mich frei am ganzen Horizont umzuschauen, so will ich auch frei nach allen meinen Anlagen tätig sein, in der Erkenntnis mich regen, in der Kunst streben, im Leben mich Lebenden nach Kräften hülfreich und förderlich zeigen.»[37] So gestaltet Carus in den fünfundfünfzig Jahren in Dresden seine Biographie innerlich zum harmonischen Lebenskunstwerk, aus der Kraft der «Lebenskunst» die für ihn die höchste aller Künste darstellt.[38]

Der Wechsel nach Dresden erweist sich als weisheitsvoll und auch äußerlich richtig. Schon 1815 werden die Funktionen von Carus als Professor bei der Umwandlung der Provisorischen Lehranstalt in die «Königlich-Sächsische Chirurgisch-Medicinische Akademie» bestätigt (sie bestand bis 1864; in ihrer Nachfolge wurde 1954 in der DDR die Medizinische Akademie «Carl Gustav Carus» gegründet, die 1994 in die Medizinische Fakultät C.G. Carus der Technischen Universität Dresden umgewandelt wurde). Bei der offiziellen Eröffnung der Akademie im August 1816 hat Carus den Festvortrag zu halten. Die versammelte königliche Gesellschaft muß von ihm zutiefst beeindruckt gewesen sein; es entsteht dadurch der erste Kontakt zu den Kreisen des Hofes. 1820 erscheint das richtungweisende zweibändige «Lehrbuch der Gynäkologie» (es ist das erste Lehrbuch für Frauenheilkunde in Deutschland), das Carus als wissenschaftlichen und praktischen Gynäkologen weithin berühmt macht. Das Werk erlebt vier Nachdrucke. Seine Arztpraxis dehnt sich immer mehr aus, und er wird auch in Adelskreisen ein gefragter Arzt. Schon 1822 erfährt Carus die Ehre der Ernennung zum Hof- und Medizinalrat. Im gleichen Jahr hält er auf der Gründungsversammlung der «Gesellschaft deutscher Naturforscher und Ärzte» in Leipzig den berühmten Festvortrag: «Von den Anforderungen an eine künftige Bearbeitung der Naturwissenschaften». 1826 ist Carus dann Geschäftsführer der 5. Versammlung der «Gesellschaft deutscher Naturforscher und Ärzte» in Dresden. In den zwanziger Jahren erhält er nicht weniger als sechs ehrenvolle Berufungen auf auswärtige Medizin-Professuren: nach Erlangen (1821), Jena (1822), Göttingen (1822), Bres-

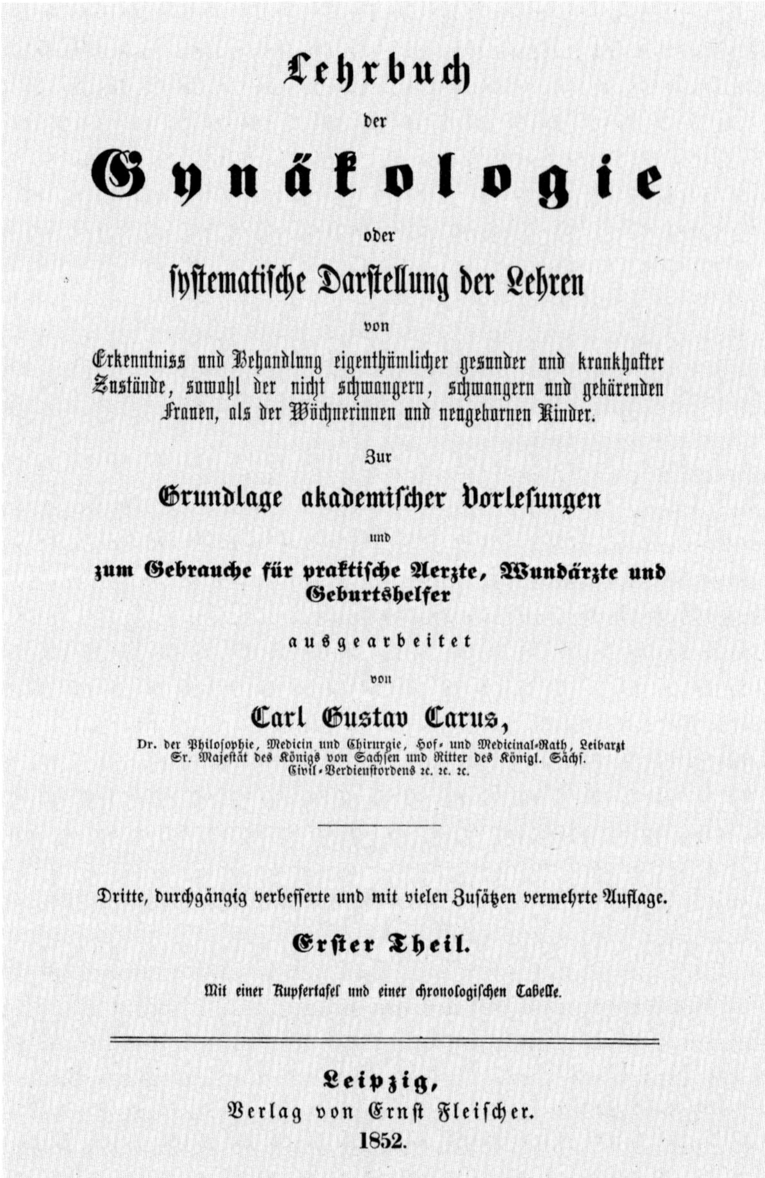

Lehrbuch
der
Gynäkologie
oder
systematische Darstellung der Lehren
von
Erkenntniss und Behandlung eigenthümlicher gesunder und krankhafter Zustände, sowohl der nicht schwangern, schwangern und gebärenden Frauen, als der Wöchnerinnen und neugebornen Kinder.
Zur
Grundlage akademischer Vorlesungen
und
zum Gebrauche für praktische Aerzte, Wundärzte und Geburtshelfer
ausgearbeitet
von
Carl Gustav Carus,
Dr. der Philosophie, Medicin und Chirurgie, Hof- und Medicinal-Rath, Leibarzt Sr. Majestät des Königs von Sachsen und Ritter des Königl. Sächs. Civil-Verdienstordens ꝛc. ꝛc. ꝛc.

Dritte, durchgängig verbesserte und mit vielen Zusätzen vermehrte Auflage.
Erster Theil.
Mit einer Kupfertafel und einer chronologischen Tabelle.

Leipzig,
Verlag von Ernst Fleischer.
1852.

Abb. 3: Titelblatt zu C.G. Carus: «Lehrbuch der Gynäkologie». Dieses Buch – 1820 erstmalig erschienen – erlebt drei erweiterte Neuauflagen und mehrere Nachdrucke. Es beeinflußt die Gynäkologie als Wissenschaft in Deutschland maßgeblich, begründet wesentlich mit die wissenschaftliche Reputation von Carus und trägt ihm Anfang der zwanziger Jahre mehrere Rufe auf auswärtige Medizin-Professuren ein.

lau (1823) und Berlin zweimal (1828 und 1829). Er aber lehnt alle ab – er will Dresden nicht verlassen. In Anerkennung seiner wissenschaftlichen Verdienste und im Hinblick auf seinen Ruf als praktizierender Arzt erhält Carus Anfang September 1827 durch Vermittlung des königlichen Leibarztes Friedrich Ludwig Kreysing (1770–1839) das Angebot, eine der beiden vakanten Leibarztpositionen am Hof des neuen sächsischen Königs Anton (1755–1836) einzunehmen. Nach einigem Bedenken nimmt der achtunddreißigjährige Professor diesen Ruf an, der ihn nach 14 Jahren Tätigkeit als Hochschullehrer sowohl zur Niederlegung seines Lehramtes an der Akademie als auch zur Aufgabe der Direktion der Entbindungsanstalt veranlaßt. Als er am 22. September 1827 sich der königlichen Familie vorstellt, ist er achtunddreißig Jahre und acht Monate alt, und als er schließlich am 7. Oktober 1827 seinen Dienst aufnimmt, hat er das neununddreißigste Lebensjahr noch nicht vollendet.

Trotz aller Vorteile der neuen Funktion als Leibarzt betritt Carus das glatte Parkett des sächsischen Königshofes mit einer gewissen inneren Distanz, was in seinen folgenden Worten deutlich zum Ausdruck kommt: «Daß ich bei alledem das Hohle und Frivole des Treibens einer nur so genannten großen Welt (...) schnell so weit überblicken konnte, um stets mit wahrer Lust in mein Haus und mein stilles Studierzimmer zurückzukehren, wird man mir wohl ohne weiteres glauben».[39]

Diese Entscheidung ist eine echte Lebenswende, die charakteristischerweise im Zeitumkreis des zweiten Mondknotens stattfindet (etwa ein Jahr nach dem genauen astronomischen Datum des zweiten Mondknotens). In vielen Biographien fällt der zweite Mondknoten als approximatives Datum wichtiger Lebensentscheidungen auf, so bei Nikolaus von Kues oder bei Johann Wolfgang von Goethe.

Bei Carus wird dadurch das 38./39. Lebensjahr zu einem «Knotenjahr» seiner Biographie. Mit der Ernennung zum Leibarzt ist zugleich die Berufung in das Medizinalkollegium der sächsischen Landesregierung verbunden. Die neue Stellung gewährt ihm materielle Sicherung und zeitliche Freiheit für seine wissenschaftlichen Arbeiten, eine ganz wesentliche Motivation für Carus, das Angebot letztlich anzunehmen. Und so wächst denn auch sein wissenschaftliches publizistisches Werk in der Zeit seiner Leibarzttätigkeit beständig, ja verstärkt weiter, immer neue Räume der Naturreiche durchschreitend (zum Beispiel «Zwölf Briefe über das Erdleben», 1841) und immer tiefere Schichten des Menschen erfassend (zum Beispiel «Psyche», 1846; «Symbolik der menschlichen Gestalt», 1853).

Mit der Annahme der Leibarztposition wandeln sich die Interessen von Carus deutlich, insofern als mit dem Erscheinen seines Werkes «Von den Ur-Theilen des Knochen- und Schalengerüstes» (Leipzig 1828) seine genetisch-morphologischen Forschungen zu einem gewissen Abschluß kommen. Carus empfindet diesen inhaltlichen Wendepunkt selbst, wenn er wenige Monate nach Antritt seiner Leibarzttätigkeit von der zweiten großen Italienreise (April–Juli 1828) schreibt: «Wien, den 3. April 1828: ein merkwürdiger Wendepunkt war in meinem Leben eingetreten: meine wichtigsten Arbeiten, mein großes lange getragenes Werk ‹Von den Ur-Theilen des Knochen- und Schalengerüstes› sowie die flüchtiger entworfenen ‹Grundzüge der vergleichenden Anatomie› und die zweite, verbesserte Ausgabe meiner ‹Gynäkologie› waren vollendet, eine sichere, ehrenvolle Stellung im Staate erreicht, die bedeutsamsten Regungen im Leben wie in der Kunst hatten mich berührt, und so kam ich mir fast wie ein Abgeschiedener vor, dessen irdisches Wirken abgetan ist.»[40]

Von der zweiten Italienreise kehrt Carus als ein Verwandelter zurück. Von nun an stehen ganz deutlich die anthropologisch-menschenkundlichen Forschungsgebiete im Vordergrund. Diese sind es, die ihn letztlich zu dem universal gebildeten Goethenachfolger des 19. Jahrhunderts machen, dessen Werke noch heute Beachtung verdienen.

Carus hat die Funktion als Leibarzt dreißig Jahre lang unter den drei sächsischen Königen Anton (er regierte von 1827 bis 1836), Friedrich August II. (1836–1854) und Johann (1854–1873) gewissenhaft und erfolgreich ausgeübt. Insbesondere mit König Johann, dem Dante-Übersetzer und Dante-Forscher, verbindet ihn eine tiefere persönliche Freundschaft.

Ab 1853 ist er dann als Erster Königlicher Leibarzt, ab 1865 schließlich als Ehrenpräsident des Landesmedizinalkollegiums tätig. Carus hat also im Laufe seines ärztlichen Wirkens allen Schichten der Bevölkerung gedient: als Armenarzt in Leipzig, als Arzt des gehobenen Bürgertums und des Adels in Dresden und schließlich als Leibarzt des sächsischen Königshauses. Ein besonderes Herz aber hat er sich stets für die einfachere Bevölkerung erhalten.

Eine bemerkenswerte Rune im Schicksalsgang von Carl Gustav Carus, die immer wieder Unverständnis und Kritik hervorgerufen hat, ist die Tatsache der Ablehnung aller Berufungen auf auswärtige Medizinprofessuren und das zähe Festhalten am Wirkensort Dresden. Ist es Bequemlichkeit und Routine, die Carus zum Beispiel auch zur Ablehnung des höchst ehrenvollen Rufes auf den Berliner Lehrstuhl der I. Medizi-

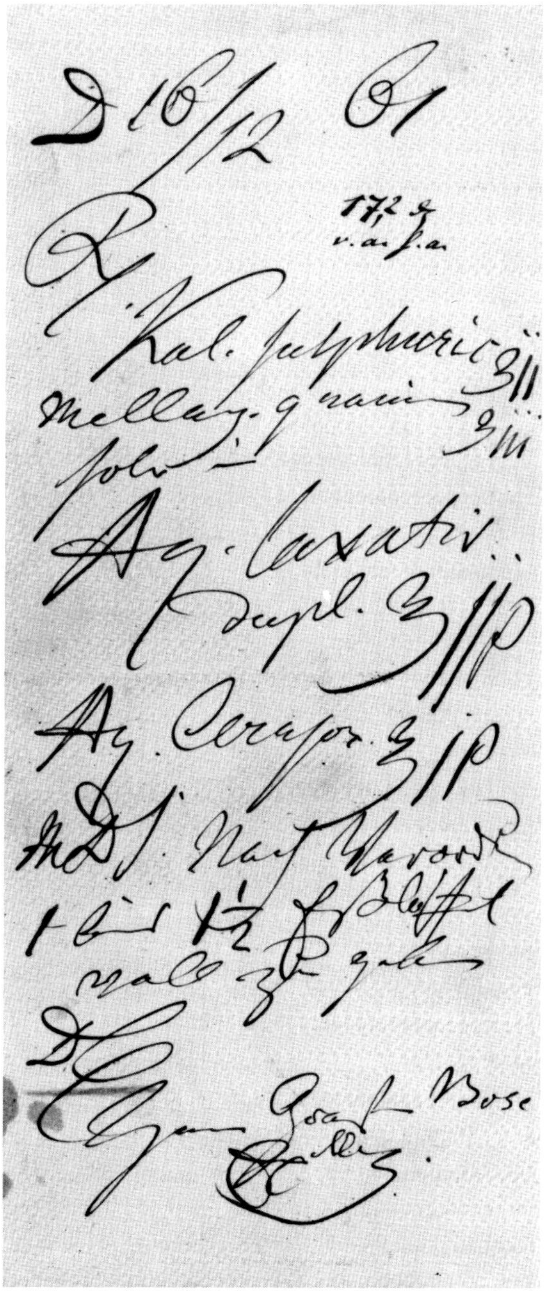

Abb. 4: Rezept von Carus für Graf Bose, 16. Dezember 1861. Zum ärztlichen Wirken von Carus und seinen ganz außerordentlichen Erfolgen, die ihn weithin als Arzt berühmt machen, ist anzumerken, daß er stets versuchte, aus einem Gesamtwesensbild des Menschen und der «lebensvollen Totalität» des Krankheitsprozesses (den er genetisch in der Anamnese verfolgte) zu handeln. So sagt er, «daß es ein verfehltes Bestreben bleibe, die Krankheiten selbst, gleichsam als besondere kompakte Wesen, in nosologische Systeme zu bringen und jeder dann eine Liste adäquater Hilfsmittel lexikonartig zur Seite stellen zu wollen.»[41] Für Carus als Arzt gilt es, stets aus dem Erfassen der Totalität einen entsprechenden «Heilsplan als größer durchdachtes und reiner im Ganzen angeschautes Kunstwerk» zu entwerfen. (Vgl. dazu S. Grosche und R. Opitz.[42])

nischen Klinik bewogen hat? Der noch nicht vierzigjährige Carus hatte auf Veranlassung A. v. Humboldts 1828 diesen Ruf auf eine Medizinprofessur nach Berlin erhalten, wo ihm 5'000 Taler anstatt der anfangs 500 Taler in Dresden geboten wurden. Carus aber wollte Dresden nicht verlassen und lehnte den Ruf ab. Ein Jahr später wird ihm erneut eine Medizinprofessur in Berlin angetragen, dieses Mal die Nachfolge des Geburtshelfers von Siebold. Wiederum lehnt Carus ab, was verdeutlicht, wie tief innerlich verankert seine Entscheidung für Dresden ist.

Manche Kritiker haben darin eine verhängnisvolle Lebensentscheidung und ein Versagen vor den Aufgaben der Zeit sehen wollen, insbesondere im Hinblick auf die Verhinderung des einbrechenden Materialismus Darwinscher Prägung.

Diese Kritik muß um so gravierender wirken, als kein zweiter so wie Carl Gustav Carus in der Nachfolge von Goethe die bewußte Gestaltung der individuellen Biographie zum Lebenskunstwerk betrieben hat. Ja er erblickt in diesem gestaltenden Hineinwirken des Ich in die eigene Biographie geradezu die höchste aller möglichen Künste, die er «Lebenskunst» nennt und an die Mysterienworte des Tempels von Delphi anknüpft (siehe seine meditative Altersschrift: «Die Lebenskunst nach den Inschriften des Tempels zu Delphi»).

Es erhebt sich daher die Frage, inwieweit es überhaupt sinnvoll ist, gerade eine Biographie wie die von Carus unter der hypothetischen Fragestellung anzusehen: «Was wäre gewesen, wenn?»[43]

Es spricht nichts dafür, daß Carus durch die Annahme des Berliner Rufes die auf breiter Front mit Macht hereinbrechende Flut des Materialismus in der Mitte des 19. Jahrhunderts hätte aufhalten können. So entscheidend war der Berliner Lehrstuhl in der I. Medizinischen Klinik nicht, als daß dies hätte gelingen können. Außerdem handelt es sich *nicht* um den späterhin durch Johannes Müller so berühmten Lehrstuhl für Physiologie.[44]

Hinter dem Materialismus des 19. Jahrhunderts steht ja notwendiges Zeitenschicksal und der Eingriff bedeutender geistiger Mächte.[45]

Eines aber scheint sicher, und Carus hat es selbst so empfunden: das Kunstwerk seiner Biographie hätte sich in Berlin nicht so entfalten können; es bedurfte des Dresdner Schicksalsbodens, wie die Goethe-Biographie des Weimarer Bodens bedurfte. Sicherlich nicht aus äußerlicher Bequemlichkeit, sondern aus schicksalshafter Notwendigkeit konnte und wollte Carus Dresden nicht verlassen. Der Erdenort Dresden bedeutete für ihn ja zugleich die Anknüpfung tiefgehender Schick-

Abb. 5: Kreidezeichnung von Joh.Jos. Schmeller: C.G. Carus im Jahre 1837. Carus ist im Alter von achtundvierzig Jahren lebendig und physiognomisch getreu dargestellt, auch im Vergleich zu dem vorangehenden Porträt von Vogel von Vogelstein (1828, vgl. Frontispiz) und dem zeitlich nachfolgenden Porträt von Hübner (1844, vgl. Schutzumschlag, Rückseite). Offen ist die Frage, ob dieser Zeichnung ein Selbstporträt von Carus zugrunde liegt, über das dieser berichtet.[46]

salsfreundschaften, so unter anderem mit König Johann von Sachsen (= Philalethes), dem großen Dante-Übersetzer, Ida von Lüttichau und Ludwig Tieck, um nur solche Freundschaften zu nennen, die nach der Ablehnung der beiden Rufe nach Berlin aufgeblüht sind. Allein bei der Nennung dieser Namen blickt man in tiefere Schicksalsebenen des 19. Jahrhunderts hinein. Auf diesen verborgenen Schicksalsebenen hat Carus den Kampf gegen den Materialismus aufgenommen, indem er geistige Zukunftskeime zur Spiritualisierung des Denkens legte. Dafür war der Wirkensort Dresden als Zentrum der Frühromantik für ihn unabdingbar.

ITALIENREISEN – DANTESTUDIEN – FREUNDSCHAFT MIT PHILALETHES

Ein Tätigkeitsbereich aus seiner Funktion als Leibarzt ist besonders hervorzuheben, weil er sich mit den wissenschaftlichen Interessen deckt: die Reisetätigkeit. Trotz seiner großen häuslichen Ortskonstanz und seiner Liebe zu Dresden ist Carus – wie Goethe – gerne gereist, aber nicht zum Vergnügen, sondern zur wissenschaftlich-künstlerischen Vervollkommnung. Die ersten Reisen von Dresden aus hatte Carus noch sehr mühsam finanzieren müssen, zum Beispiel 1821 die erste Schweiz- und Italienreise (bis Genua).

Als Leibarzt gehört es nun zu seinen Pflichten, die sächsischen Prinzen auf ihren Reisen ärztlich zu betreuen. So begleitet er auf seiner ersten «Dienstreise» 1828 den Kronprinzen Friedrich (den späteren König Friedrich August II.) nach Italien, wobei er das Land über Genua hinaus kennenlernt, Florenz und Rom besucht, ja bis hinab nach Neapel, Salerno, Paestum und Capri kommt. Eine dritte Italienreise führt ihn 1841 in offizieller Mission als Leibarzt nach Florenz, an den Hof des Herzogs der Toskana, wo er längere Zeit verweilt (25. Februar–4. Mai 1841).

Von all den Gebieten, die Carus auf seinen Reisen in Europa kennengelernt hat, ist er am tiefsten von Italien angerührt worden, ganz analog zu seinem Lebensvorbild Goethe. Wie bei diesem ist die Zugeneigtheit zum Erdenraum Italien keine bloß äußerliche, sondern sie entspringt tiefsten Schichten der Seele; sie ist wie eine Art Erinnerung an eine erlebte Vergangenheit. Die Erdräumlichkeit Italien bringt uralte Seelenerlebnisse in Carus zum Erklingen; eine besondere Beziehung besteht dabei zur Toskana und zu Florenz. Schon bei seiner zweiten Italienreise 1828 ist der lange Aufenthalt in Florenz auffällig (17.–28. April und 10. Juni–8. Juli 1828; siehe auch die Karte mit der Reiseroute). Noch deutlicher ist dies bei seiner dritten Italienreise 1841, die er als Leibarzt zum Hof des Herzogs der Toskana unternimmt, wo er zweieinhalb Monate verbringt. Er weilt in Florenz, als das damals wiederentdeckte, heute weltberühmte Fresko von Giotto (1266–1337): «Das Paradies» (1336) mit den Bildnissen Dantes (1265–1321) und seines Lehrers Bru-

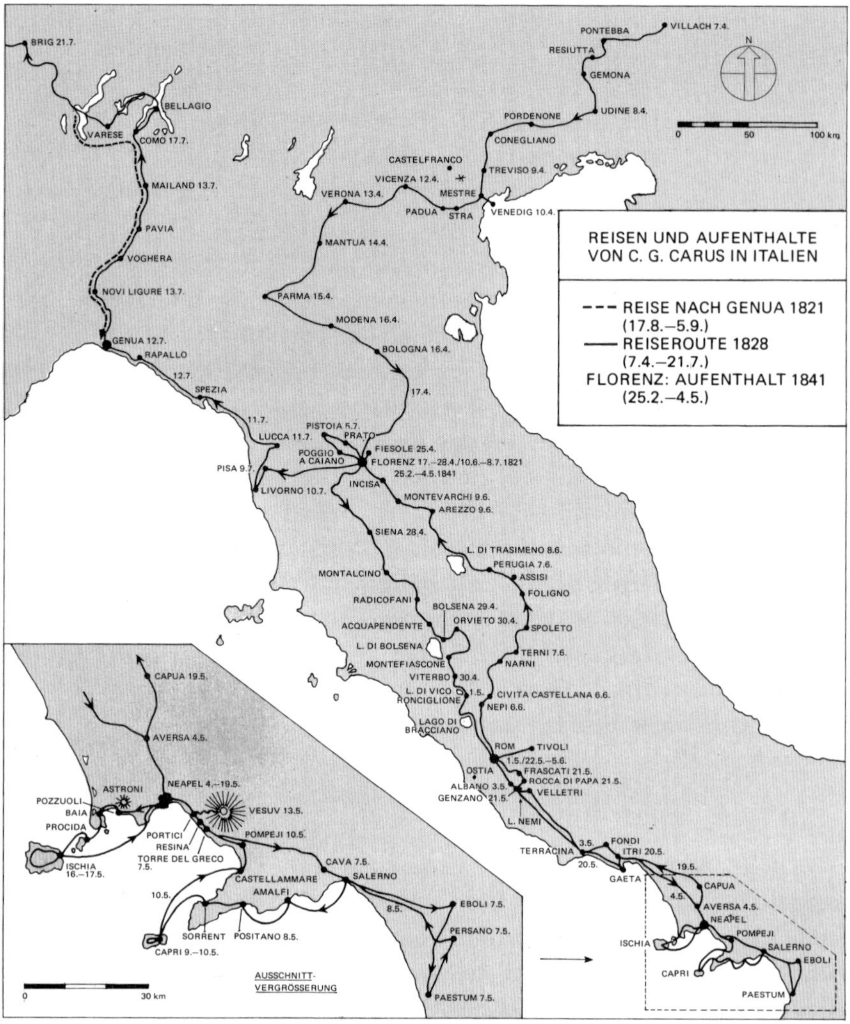

Abb. 6: Reisen und Aufenthalte von Carus in Italien in den Jahren 1821, 1828 und 1841.

netto Latini (um 1220–1294) zugänglich gemacht wird. Carus ist davon tief angerührt und berichtet in seinen Gedenk- und Tagebuchblättern «Mnemosyne»:

«Florenz, den 17. März 1841. Heute endlich konnte ich dahinkommen, einen besonderen Wunsch auszuführen, und das Porträt des Dante von Giotto aufsuchen, welches in der alten, seither zum Gefängnis dienenden Kapelle im Bargello kürzlich entdeckt worden ist (...) Der Kopf [ist] wohl erhalten, ernst und tüchtig gemalt und verdient wohl eine recht genaue Nachbildung und Vervielfältigung! Aus diesem Bilde ergiebt sich nun auch die Echtheit der lange bekannten Todtenmaske des Dichters. Hier ist er jedoch jünger und so aufgefaßt, wie man ihn sich denken darf – ‹nel mezzo del camin di nostra vita!› (...) Ein weiter nach ihm folgender älterer Kopf könnte wohl Brunetto Latini sein (...)

Nachmittags wurde das Wetter schön, und ich fuhr nach Bello-Squardo, einer vor der Porta romana hoch gelegenen einfach zierlichen Villa, berühmt wegen ihrer weiten Umsicht über Florenz und das Arnothal (...) und das ganze Arnothal im weitesten Ueberblicke lag vor mir – ja, es ist etwas Außerordentliches, dieses Florenz und dieses Thal mit seinen Tausenden von Villen, mit seinen weiten Oelgärten und seinem Kranze erhabener Gebirge! – Und wieder dieses Abendlicht! – Wie der schräge duftige Sonnenstrahl hinfiel auf die Ebene nach Livorno! – Halte das fest, mein Gedächtnis!»[47]

Aus dieser Textpassage wird deutlich, daß Carus eine tiefe Liebe zu Italien, insbesondere zur Toskana und zu Florenz empfindet, eine Liebe, die er seiner Seele bewußt einschreibt, weil speziell diese Landschaft eine derart starke Resonanz in ihm auslöst. Gerade weil die seelische Beziehung zu Erdräumen sonst meist in der Tiefe des Unbewußten bleibt, ist dieser Text so sprechend.

Ein Zweites, das indirekt mit Italien zusammenhängt, macht diese Textstelle aus «Mnemosyne» symptomatologisch durchscheinend: es ist die innere Beziehung zur Geistgestalt Dantes und, damit eng verknüpft, die zu dessen Lehrer Brunetto Latini. Neben Goethe darf man wohl Dante als Lebensgenius von C.G. Carus bezeichnen. Das Werk Dantes, des großen visionären Schilderers der geistigen Welt, hat die Gedankenwelt von Carus zutiefst beeinflußt. Hinter Dante aber wird sein Inspirator, sein eingeweihter Lehrer Brunetto Latini, sichtbar.

Sehr bezeichnend für die Verehrung, die Carus Dante entgegenbringt, ist auch seine persönliche Freundschaft mit dem sächsischen Prinzen Johann (1801–1873; ab 1854 König von Sachsen). Dieser ist ein

Abb. 7: C.G. Carus: Blick über die Dächer von Florenz auf die Domkuppel und den Campanile, 1841. Carus weilte im Frühjahr 1841 für 10 Wochen in Florenz (25. Februar–4. Mai), um die Tochter des Großherzogs ärztlich zu behandeln. Bei diesem dritten Aufenthalt taucht er tief in die Geschichte und Kultur dieser italienischen Kunst- und Wissenschaftsmetropole am Arno ein («Pendant zu Dresden»). In «Mnemosyne – Blätter aus Gedenk- und Tagebüchern» beschreibt er die Entstehung mehrerer Florenz-Ansichten. «Mein Hausherr versicherte: Oben von der Loggia seines Hauses übersehe man den größten Teil der Stadt. Natürlich stieg ich bald da hinauf, und siehe da, da lag das schöne Florenz vor mir. Da Sta. Maria del Fiore mit dem schönen Campanile, da Palazzo Vecchio, da der Palast Pitti, da zogen die Gebirge sich hin, da leuchtete Fiesole herab (...) Da oben also habe ich heute angefangen, ein Studium zu malen, welches hoffentlich noch in späteren Tagen mir (...) diese Örtlichkeit lebhaft vergegenwärtigen wird.»[48]

Abb. 8: Dante (1265–1321) und sein Lehrer Brunetto Latini (um 1220–1294). Ausschnitt aus dem Fresko von Giotto: «Das Paradies» (1336) in der Magdalenen-Kapelle im Palazzo des Podestà (dem späteren Gerichtsgebäude «Bargello» und heutigen Nationalmuseum). Es handelt sich um das älteste erhaltene Porträt Dantes, der dort mit Brunetto Latini inmitten der Signoren von Florenz dargestellt ist. Das Fresko wurde erst kurz vor dem dritten Florenz-Aufenthalt von Carus wieder entdeckt und restauriert. Carus ist von seinem Anblick tief angerührt. Dantes «Visionen» der geistigen Welten haben ihn stark beeinflußt, und er hat sie in einem Zyklus von Dantebildern dargestellt.

glühender Dante-Bewunderer und späterhin als König zweifellos der gebildetste Monarch seiner Zeit (darin auch den populären König Ludwig II. von Bayern übertreffend).

Als hätte ein Mitglied eines regierenden Herrscherhauses nicht genügend Verpflichtungen, vertieft sich Prinz Johann in die altitalienische Sprache und in die mittelalterliche Philosophie und schafft unter dem Pseudonym «Philalethes» (Wahrheitsfreund) die noch heute populärste deutsche Dante-Übersetzung.[49]

«Dieses vorbildliche Übersetzungswerk, eine umfassende wissenschaftlich-kritische Übertragung und Kommentierung des einzigartigen Weltkunstwerks Dante Alighieris, machte Johann zum Botschafter des großen Florentiners in Deutschland und sicherte ihm dauerhaft einen angesehenen Platz in der deutschen Literatur- und Geistesgeschichte. Er hat diesen Platz unter dem selbstgewählten Pseudonym Philalethes, der Freund der Wahrheit, erlangt. Denn er liebte nicht das Spektakuläre, und der Öffentlichkeit mochte er sich als Dante-Übersetzer nur anonym mitteilen (...) Wenn man als Mitglied eines regierenden Hauses mit einer literarischen Eigenleistung hervortritt, muß man es als ‹Philalethes›, als Wahrheitsfreund tun. Denn die Sache muß durch sich selber, durch ihre Wahrheit wirken, nicht durch den ererbten und folglich unverdienten Titel des Verfassers.»[50] Das war die vornehm zurückhaltende Auffassung von Prinz Johann.

Carus schreibt zum Jahr 1838: «Neben allem übrigen ging denn auch die Betrachtung des Dante jetzt ihren Weg weiter. Im Dezember lud Prinz Johann, nebst Tieck und Förster auch mich abends zu sich ein und las uns die große Skizze der Psychologie des Thomas von Aquino vor, welche er aus den Quellen für das ‹Purgatorio› (den zweiten Teil seiner Übersetzung) bearbeitet hatte (...) Der erste Teil dieses übersetzten Dante war übrigens in jener Zeit unter dem Namen ‹Philalethes› längst ausgegeben und hatte bereits große Anerkennung gefunden, doch wurde das Spätere immer vollendeter und in den Noten immer reicher.»[51] Und in einem Brief aus dieser Zeit heißt es: «Je mehr ich mit Dante bekannt wurde, umso mehr schätze ich in ihm die Tiefe und Klarheit seiner Erkenntnis.»[52]

Man vergegenwärtige sich dazu die tief bedeutsame Situation, daß sich Prinz Johann mit dem Leibarzt Carus tagelang auf Schloß Pillnitz bei Dresden zurückzieht, um mit ihm in die Geisteswelt Dantes einzutauchen und dessen Werk aus dem Altitalienischen zu übersetzen. Dabei überträgt Carus selbst ganze Partien ins Deutsche.

Abb. 9: Prinz Johann von Sachsen (1801–1873, König ab 1854). Gemälde von Vogel von Vogelstein, 1832. Unter dem Pseudonym «Philalethes» (Freund der Wahrheit) ist Prinz Johann ein hervorragender Übersetzer und Kommentator der «Göttlichen Komödie» Dantes. Zwischen 1821 (dem ersten Italienaufenthalt Carus') und 1849 übersetzt und publiziert er das «Inferno», das «Purgatorio» und das «Paradiso». Prinz Johann versammelt in Dresden einen Kreis von Dante-Kennern um sich (die Dresdner «Dante-Akademie»), der u. a. C.G. Carus, Ludwig Tieck, Carl Förster und Carl Friedrich von Rumohr angehören. Dresden wird auch geistig zum ‹Florenz des Nordens›. 1865 übernimmt König Johann das Protektorat über die neu gegründete Deutsche Dante-Gesellschaft in Dresden. Carl Gustav Carus ist als erster Leibarzt des Königs ihm auch freundschaftlich verbunden und teilt seine tiefe Liebe zur Geisteswelt Dantes.

Eine Aufzeichnung zum Jahr 1839: «Wieder brachten wir dies Jahr den größern Teil des Sommers in Pillnitz zu (...) Übrigens wurden unsere Dante-Lektüren selbst durch den Landaufenthalt nicht unterbrochen. Es finden sich in dem verschlossenen Teile der königlichen Gärten in Pillnitz einige Pavillons, von denen diesmal den einen östlich gelegenen, im japanischen Stil verzierten, der Prinz Johann gewählt hatte, um dort das kleine Dante-Komitee auch ein paarmal im Sommer zu versammeln. Freund Tieck fuhr dazu mit Graf Baudissin in den warmen Vormittagsstunden heraus, und da saßen wir denn in dem altmodisch verzierten bequemen Gartenzimmer, welches wohl noch nie dergleichen poetische Zusammenkünfte gesehen hatte, jeder mit seinem Dante bewaffnet (...) und hörten von Tiecks sonorer Stimme aufmerksam die von einem Fürsten verdeutschten Verse des Dichterfürsten vortragen …»[53]

Prinz Johann versammelt in dem Dresdner «Dante-Komitee» einen Kreis von Dante-Kennern um sich, zu dem außer Carus u. a. noch Ludwig Tieck, Carl Förster, Graf Baudissin und der Kunsthistoriker Carl Friedrich v. Rumohr gehören.

Am Hof König Johanns in Dresden – dem «deutschen Florenz» – steht dann ab 1854 die Welt der Werke Dantes im Mittelpunkt des geistigen Lebens wie sonst nirgends in Europa.

1865 übernimmt König Johann das Protektorat über die Deutsche Dante-Gesellschaft, die sich im Dante-Jubiläumsjahr auf die Initiative Karl Wittes (1800–1883) in Dresden bildet. Der erste Leibarzt des Königs, C.G. Carus, unterstützt dessen Dante-Begeisterung aufs Nachhaltigste. All das sind deutliche Symptome dafür, welche innersten seelischen Saiten durch das Italien der Zeit Giottos, Brunetto Latinis und Dantes in der Seele von C.G. Carus wie aus einer fernen Erinnerung wieder zum Erklingen gebracht werden.

Welche schicksalshaften Ahnungen in der Seele von Carus aus dem Unterbewußtsein aufgestiegen sein mögen, bringt ein zauberhaftes Ölbildnis von ihm zum Ausdruck: «Blick auf Dresden mit Hofkirche und Schloß» (1830). Wir blicken in der Abenddämmerung von der Brühlschen Terrasse auf die berühmte Silhouette von Dresden mit der katholischen Hofkirche im Vordergrund; das Farbspiel des verbleichenden Abendlichtes liegt über der Szenerie, über der die schmale Sichel des jungen Mondes am Himmel sichtbar wird. Auf dem Söller im Vordergrund sitzt tief in Gedanken versunken, selbst wie aus dämmerhaften Erinnerungstiefen aufsteigend eine mittelalterliche Gestalt, deren Kopfbedeckung sie sofort als Dante erkennen läßt. – Dante im Dresden

Abb. 10: C.G. Carus: Blick auf Dresden mit Hofkirche und Schloß. Ölgemälde, um 1830. Im Vordergrund auf der Balustrade, wie aus Erinnerungstiefen aufsteigend, sitzt die Gestalt Dantes, erkennbar an seiner charakteristischen Kopfbedeckung. Carus schreibt darüber: «Ein Bild (Rückblick von der Brücke nach der katholischen Kirche und dem Schlosse in Abenddämmerung) habe ich sogar schon wieder verloren, und zwar an die verwitwete Königin von Bayern (...) Sie kam mit (...) dem Prinzen Johann selbst zu mir und hat sich lange (...) mit Betrachtung meiner Bilder verweilt.»[53a]

des 19. Jahrhunderts, als Vision auf einem Bild von Carl Gustav Carus! Ebenso sprechend ist das Titelkupfer, das der Dante-Übersetzung von Philalethes (= Prinz Johann von Sachsen) beigegeben ist.[54] Auf der Totenbahre liegt aufgebahrt der am 29. Oktober 1873 gestorbene König Johann von Sachsen, eine der spirituell suchenden, «heimatlosen Seelen» des 19. Jahrhunderts, wie König Ludwig II. von Bayern auch. Hinter der Totenbahre, wie in einer Vision aufsteigend, das Antlitz seines großen Lebensgenius Dante.

Der Schweizer Dichter Albert Steffen hat diesen Stich gekannt und ihn mit den folgenden Worten beschrieben: «Es berührt eigentümlich, daß seiner dreibändigen Übersetzung sein Bild auf dem Totenbette beigefügt ist, wo dem Geist des Königs das Antlitz des Dichters erscheint. Unverkennbar ist eine große Ähnlichkeit in den Gesichtszügen Dantes und seines Kommentators zu ersehen».[55] Diese auffallende Ähnlichkeit hat Albert Steffen wohl zu Schicksalsfragen an Rudolf Steiner veranlaßt. Steiner hat als Geistesforscher den schicksalshaften Zusammenhang zwischen Dante im 13. Jahrhundert und König Johann von Sachsen im 19. Jahrhundert bestätigt. Wie real für Steiner solche Zusammenhänge waren, zeigt auch die Tatsache, daß er, als im Jahre 1909 in Dresden ein Zweig der Theosophischen Gesellschaft entsteht, diesen bei der Einweihung mit Dante als Namenspatron verknüpft.[56]

Von diesen möglichen Schicksalszusammenhängen her ist es verständlich, daß Dresden ein ganz besonderer Schicksalsort für C.G. Carus war, daß er diesen Ort – trotz mehrfach verlockender Universitätsangebote – nicht verlassen wollte.

So ist das Zusammenwirken von König Johann von Sachsen und seinem Leibarzt C.G. Carus mitentscheidend dafür, daß Dresden um die Mitte des 19. Jahrhunderts ein besonderes Wissenschafts- und Kunstzentrum in Deutschland wird. Insbesondere die Musik (Bau der Semper-Oper) und die bildenden Künste (Kunstakademie Dresden, Ausgestaltung der reichen Gemäldegalerie im Zwinger und vieles andere mehr) erfahren eine außerordentliche Förderung. Carus ist mit den Trägern dieses kulturellen Lebens befreundet. Ja er ist selbst ein bedeutsamer Träger und Inspirator dieses Impulses.

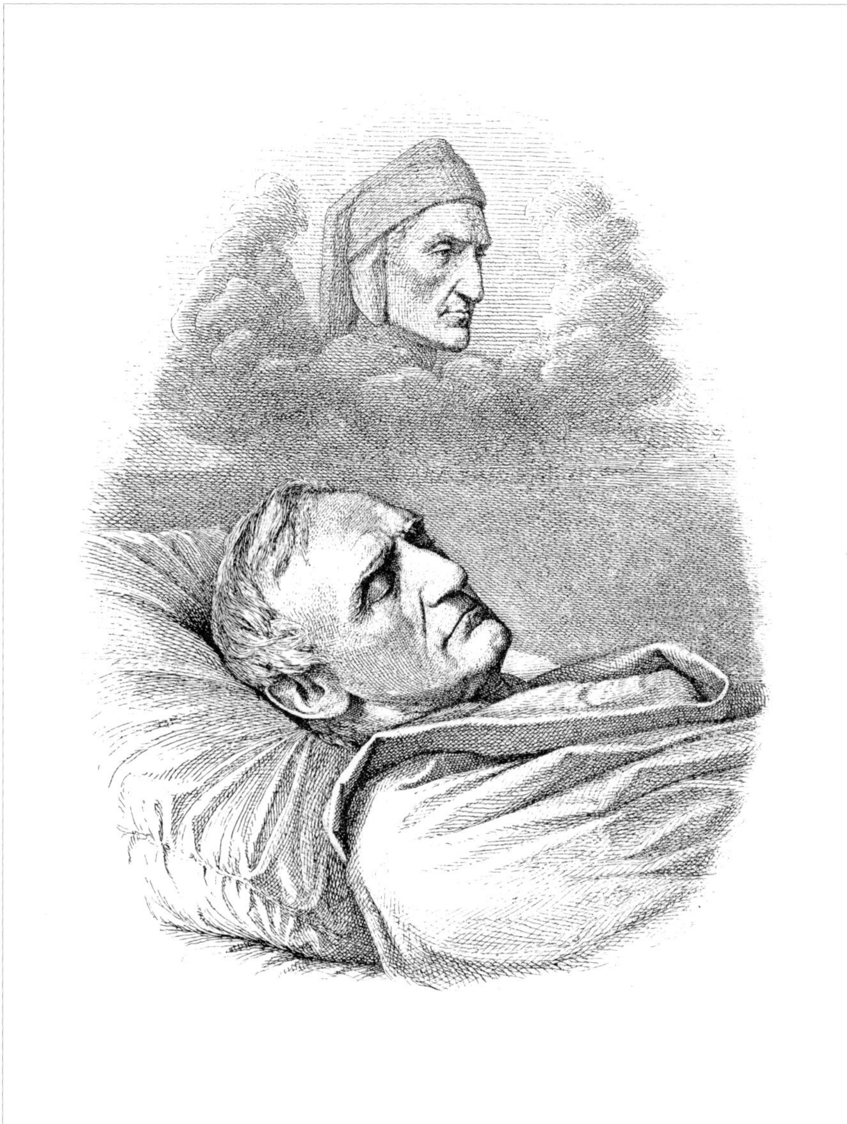

Abb. 11: König Johann von Sachsen auf der Totenbahre († 29. Oktober 1873). Unter dem Pseudonym «Philalethes» übersetzte er die Werke seines Lebensgenius Dante in die deutsche Sprache. Das Antlitz Dantes steigt in einer Art Imagination über dem Haupt des toten Königs auf.

MENSCHENBEGEGNUNGEN WÄHREND DER DRESDNER ZEIT

Aus dem steten geistigen «Spiralgang» der lebenskünstlerisch gestalteten Biographie von Carus in der langen Dresdner Zeit seien als befruchtende Impulse noch seine zahlreichen Menschenbegegnungen genannt. Bei aller melancholischen Neigung zur Zurückgezogenheit steht Carus dennoch mit außerordentlich vielen Menschen – darunter sehr vielen bedeutenden Zeitgenossen – in Verbindung und pflegt insbesondere nach dem Erwerb der großzügigen «Villa Cara» in Dresden, Große Borngasse (1833), ein gastfreundliches, offenes Haus, das ein geistiges Zentrum der sächsischen Metropole darstellt.

Von den Menschen, mit denen er freundschaftlich verbunden ist oder in geistigem Kontakt steht, sind außer den bereits erwähnten Persönlichkeiten und den gesondert zu besprechenden drei «Lebensgenien» (Humboldt, Goethe und Friedrich) noch zu nennen:[57]

- Johann Gottlob Regis (1791–1854), der Jugendfreund aus Leipzig, der dann als Privatgelehrter und Übersetzer in Breslau lebt und der sein wichtigster Brieffreund ist.
- Johann Christian Clausen Dahl (1788–1857), der Erneuerer der norwegischen Landschaftsmalerei, Professor an der Dresdner Kunstakademie; es verbindet ihn eine kunstsinnige Dreierfreundschaft mit Carus und C.D. Friedrich. Dahl und Friedrich haben siebzehn Jahre lang (1823–1840) in enger künstlerischer Gemeinschaft im selben Haus «An der Elbe 23» gewohnt und dort ihr Atelier gehabt.
- Ernst Friedrich August Rietschel (1804–1861), Dresdner Bildhauer und nachmaliger Schwiegersohn von Carus (Charlotte Carus wurde 1836 seine zweite Frau). Er schafft u. a. eine Portraitmedaille von Carus und das Goethe-Schiller-Denkmal in Weimar.
- Carl Maria von Weber (1786–1826), mit seinem «Freischütz» Schöpfer der romantischen deutschen Nationaloper, von 1835 an beim Aufbau der Oper in Dresden tätig. Carus wird mit ihm persönlich bekannt.

Abb. 12: Villa Cara, Sicht von der Gartenseite im Jahre 1834. Stich von Carl Peschek. Carus schreibt: «In den November [1833] fällt denn noch ein Ereignis, das für die Gestaltung unseres fernern Lebens so wichtig geblieben ist, wie es eben irgend die äußere Form für das innere Wesen nur werden kann. Es war der Ankauf der hübschen, gartenumgebenen Villa [Cara] (...) in der östlichen Vorstadt Dresdens.»[58] Das großzügige Haus wird – ähnlich dem Haus am Frauenplan in Weimar – bald zu einem geistigen Mittelpunkt Dresdens. Es hat viele bedeutende Persönlichkeiten als Gäste gesehen. 1945 wurde es total zerstört.

- Felix Mendelssohn-Bartholdy (1809–1847), Komponist und Kapellmeister, ab 1835 in Leipzig Leiter der Gewandhauskonzerte, Gründer des Konservatoriums, weilt als Gast bei Carus in Dresden, der besonders seine Oratorien und die Hebriden-Ouvertüre verehrt.
- Richard Wagner (1813–1883), ab 1843 Hofkapellmeister in Dresden. Die Uraufführungen von «Rienzi» (1842), «Fliegender Holländer» (1843) und «Tannhäuser» (1845) finden in Dresden in der berühmten Semper-Oper statt und werden von Carus als großem Musikliebhaber mit lebhafter Anteilnahme verfolgt.
- Friedrich Wilhelm Josef Schelling (1775–1854), der Naturphilosoph des deutschen Idealismus, ab 1798 durch die Vermittlung Goethes Professor in Jena. Seine Naturphilosophie beeinflußt Carus tief, er hat Schelling 1820 persönlich in Karlsbad getroffen.
- Lorenz Oken (1779–1851), Arzt und Naturphilosoph (Anhänger Schellings). Von ihm ist Carus stark beeinflußt worden. Oken be-

spricht die Publikationen von Carus in seiner Zeitschrift «Isis»; mit ihm zusammen gründet Carus 1822 in Leipzig die «Gesellschaft deutscher Naturforscher und Ärzte».

- Karl Philipp Friedrich von Martius (1794–1868), Arzt, Forschungsreisender in Brasilien, der wohl bedeutendste Botaniker seiner Zeit, Professor in München. Er ist mit Goethe und Carus befreundet und führt im Alter einen umfangreichen Briefwechsel mit Carus. Der separat veröffentlichte Briefwechsel ist ein wunderbares Zeugnis dieser Altersfreundschaft.
- Ludwig Tieck (1773–1853), vielseitiger Dichter, Dramaturg, Märchensammler und Shakespeare-Übersetzer; einer der Hauptvertreter der deutschen Romantik. An seinen berühmten Leseabenden am Altmarkt in Dresden nimmt Carus von 1824 bis 1842 regelmäßig teil. Die Freundschaft bleibt auch bestehen, als Tieck 1842 nach Potsdam übersiedelt.
- Ida von Lüttichau (1798–1856), Gattin des Dresdner Hoftheaterintendanten und Geistesfreundin von Tieck. Die wohl klügste und geistvollste Frauengestalt der deutschen Spätromantik um die Jahrhundertmitte, zusammen mit Tieck Zentrum eines geistigen Freundeskreises in Dresden; mit ihr ist Carus ab 1838 durch eine Seelenfreundschaft verbunden. Sie hat wohl die tiefsten Blicke in das sonst so verschlossene Seelenleben von Carus tun dürfen.

  Carus schreibt in seinen Lebenserinnerungen über Ida von Lüttichau, deren Hausarzt er ab 1838 war: «Vielfältige Leiden, langes Erkranken, Verlust mehrerer Kinder, am meisten aber tiefgehender Geist und Sinn zogen sie zu vielfachen Studien der historischen, philosophischen, selbst theologischen und psychologischen Literatur und wendeten sie von Welt und Hof meistens ab, obwohl sie auch in diesen Regionen sich mit feinster Grazie bewegte und allgemein dort hochgeschätzt wurde.»[59]

  Ab 1841 lebte Ida von Lüttichau den Sommer über meist in Pillnitz, wo Carus als Leibarzt des Königs Residenzpflicht hatte und ebenfalls ein Sommerhaus besaß, so daß er das Glück hatte, so manchen schönen Sommer im geistigen Gedankenaustausch neben ihr verleben zu dürfen. Carus hat der Seelenfreundin in seiner Autobiographie ein eigenes Kapitel gewidmet (Band 3, S. 93ff.) und darin in Form eines Nachrufes manche ihrer ausführlichen Briefe publiziert, wodurch dieses Kapitel der Autobiographie bis heute die beste Quelle über Ida von Lüttichau ist. Damit hat Carus ihr als einer der

Abb. 13: Ida von Lüttichau (1798–1856). Marmorbüste von Ernst Rietschel, 1856. Ida von Lüttichau, Gattin des Dresdner Hoftheaterintendanten, verbindet ab 1823 eine langdauernde Geistesfreundschaft mit Ludwig Tieck. Sie bildet mit ihm zusammen ein Zentrum des reichen künstlerischen Lebens in Dresden (berühmte Leseabende am Altmarkt). Ida von Lüttichau wird nach vielen ähnlich lautenden zeitgenössischen Urteilen beschrieben als «eine auffallend schöne, traumhaft zarte Erscheinung (...), die gleichsam von einer hellschimmernden Aura umgeben war» (Tieck). Sie besaß große Tiefe des Gemütes, war von hoher künstlerischer Sensibilität und hatte starke philosophische Interessen. Okkulte Neigungen für die übersinnliche Welt verband sie mit klarem Denkvermögen. Carus wird 1838 ihr Hausarzt, und bald entsteht ein tiefer seelischer Kontakt. Was Carus in den Jahren der innerlichen Gemeinsamkeiten zwischen 1838 und 1856 schreibt, passiert zuerst die Schranke ihrer kritischen Aufmerksamkeit. Insbesondere in sein Hauptwerk «Psyche» sind manche Gedanken der Seelenfreundin eingeflossen, zumal der Gedanke der Unsterblichkeit der Seele ihr wie selbstverständlich vertraut ist.

«bedeutendsten Individualitäten ihrer Zeit» ein literarisches Denkmal gesetzt, ähnlich wie Goethe Susanne von Klettenberg in seinen «Bekenntnissen einer schönen Seele» (in «Wilhelm Meister»). In einem der in die Autobiographie von Carus aufgenommenen Briefe Ida von Lüttichaus findet sich eine Stelle, die ihr Wesen wohl am trefflichsten ausspricht: «Je höher die Seelenentwicklung (...), je reifer die Seele ist, umso mehr wird das Denken selbst zum Gebet und zur fortdauernden Richtung auf Gott. Jeder Gedanke meiner Seele ist jetzt so ernst, so feierlich und erhaben, daß er zum Gebet wird, und ich bedarf umso weniger des einzeln abgerissenen Hinwendens zu Gott, als ich fühle, daß schon mein ganzes Sein das ist, was man eben unter Gebet versteht.»[60]

Außer auf Ludwig Tieck und C.G. Carus hat Ida von Lüttichau auch auf andere Zeitgenossen geistig impulsierend gewirkt. Mutig setzte sie sich zum Beispiel für Richard Wagner und seinen «Fliegenden Holländer» ein. «Sie war die erste, welche gegen den Strom schwimmend auf meinem neuen Wege mir begegnete. Mich erfreute dieser Gewinn so tief, daß ich diese Oper, als ich sie später veröffentlichte, ihr widmete» (Richard Wagner in seiner Autobiographie). Glaube an das Ewige im anderen Menschen und Treue dazu zeichneten sie aus. «Nichts halten wollen, aber auch nichts fallen lassen» war im Zwischenmenschlichen ihr Lebenswahlspruch.[61]

– Bernhard August von Lindenau (1779–1854), bürgerlich-liberal gesinnter Staatsminister Sachsens, der von 1831 bis 1843 die Umbildung des Königreiches Sachsen zu einem Verfassungsstaat durchsetzte.

Anhand seiner Person muß an dieser Stelle ein grundsätzliches Wort zum Verhältnis von Carus zu den politischen Zeitereignissen, insbesondere zu den revolutionären Bewegungen von 1830 und 1848 gesagt werden. Man hat Carus (ähnlich wie Goethe) eine apolitische Haltung vorgeworfen, was nur bedingt richtig ist. Anders als zum Beispiel Richard Wagner (Hofkapellmeister), August Röckel (Musikdirektor am Hoftheater) und Gottfried Semper (Architekt und Erbauer des neuen Dresdner Opernhauses), die alle unterstützend oder aktiv an den bewaffneten Barrikadenkämpfen im Mai 1849 in Dresden teilnahmen und dann verurteilt wurden (Röckel) oder außer Landes fliehen mußten (Wagner, Semper), hat Carus sich nie aktiv an den revolutionären Bewegungen beteiligt. Alles Revolutionäre war seinem stillen, ganz auf Reform und Evolution gerichteten

Charakter zuwider. Wie sehr aber Carus den aufs rein Menschliche gehenden liberalen Ideen der dreißiger und vierziger Jahre zugeneigt war, zeigt seine Freundschaft mit dem liberalen Staatsminister Bernhard August von Lindenau, den Carus von seiner medizinalpolitischen Tätigkeit als Mitglied des Landes-Medizinalkollegiums her kannte. Als Lindenau 1843 von der rechten Reaktion zum Rücktritt gezwungen wurde, schreibt Carus an Regis: «Sie glauben nicht, welch eigene, liebevolle Persönlichkeit mir durch das Fortgehen von Lindenau entrissen ist. Zugleich repräsentierte er in der höchsten Region unserer Regierungsbeamten (...) jenes Prinzip echter Humanität und Wissenschaftlichkeit, welches überall, wo es zutage kommt, ja stets so fördernd und wohltuend sich geltend macht. Ich war noch am 26. August [1843] abends allein bei ihm (ich war seit langem sein Arzt), wir waren beide bis zu Tränen gerührt ...»[62]

Die Richtung eines evolutionären praktischen Humanismus kommt auch in der medizinalpolitischen, programmatischen Reformdenkschrift von Carus «Von den Forderungen der Zeit an Reformen des Medicinalwesens» (1847) vollendet zum Ausdruck. Wenn man daher unter Politik nicht allein Systemverbesserung, sondern die Fortentwicklung der Lebensumstände zum Wohle der konkreten, individuellen Menschen versteht, dann war Carus eminent politisch gesinnt, analog zu Goethe.

C.G. CARUS UND ALEXANDER VON HUMBOLDT – ZWEI WISSENSCHAFTLER ALS KÜNSTLER

Von den zahlreichen Menschenbegegnungen und Freundschaften, die Carus' Leben in der Dresdner Zeit impulsieren, seien nun einige beispielhaft näher betrachtet. Biographisch gesehen stehen drei bedeutende Persönlichkeiten hinter der umfassenden Natur-, Landschafts- und Erdanschauung von C.G. Carus:

- Alexander von Humboldt als der Exponent der exakten Naturwissenschaft, die aber zugleich mit künstlerisch-ästhetischen Elementen verbunden ist.
- Goethe als der Vater einer geist- und ideendurchdrungenen Naturbetrachtung, die vermittels der «anschauenden Urteilskraft» hinter den Urphänomenen in der Natur die schaffenden Ideen wahrnimmt.
- Caspar David Friedrich, der in seiner Erdenfrömmigkeit die Spuren der Gottheit in der Landschaft erkennt und malerisch zur Ahnung werden läßt.

Ein Genius im Leben von Carus, der insbesondere auf seine geowissenschaftlichen Vorstellungen starken Einfluß genommen hat, ist der Mitbegründer der wissenschaftlichen Geographie: Alexander von Humboldt (1769–1859), den Carus 1817 bei seiner ersten Reise nach Berlin persönlich kennenlernt.[63] Seit Humboldt die Ergebnisse seiner südamerikanischen Forschungsreise zu publizieren begonnen hatte (30 Bände seit 1807), verfolgt Carus die Werke Humboldts aus der Ferne. Insbesondere ist Carus von dessen «Ansichten der Natur» (1. Aufl. 1808, 2. Aufl. 1826) sehr beeindruckt, und es erscheint ihm geradezu darin die «Wissenschaft in poetischer Verklärung» dargestellt zu sein.[64]

Umgekehrt ist A. von Humboldt auf die Schriften des jungen Dresdner Arztes wohl bereits sehr frühzeitig aufmerksam geworden; er nimmt an den wissenschaftlichen Arbeiten von Carus regen Anteil. So schreibt Humboldt 1828 nach dem Erscheinen der auch von Goethe begeistert aufgenommenen Schrift «Von den Ur-Theilen des Knochen- und Schalengerüstes»[65]:

Abb. 14: Alexander von Humboldt, um 1836 in Paris, das heißt aus der Zeit seiner Freundschaft mit Carus. Lithographie von A.Ch. Lemoine nach Henri Lehmann (mit Faksimile der Unterschrift). Carus über Alexander von Humboldt: «Alexander von Humboldt, dessen ‹Ansichten der Natur› zuerst die Wissenschaft mir in poetischer Verklärung vorgeführt hatten, [gab] meinen szientifischen Bestrebungen eine höhere Weihe. Dieser Treffliche begleitete in jener Reihe von Jahren regelmäßig seinen König Friedrich Wilhelm III. in die Bäder von Teplitz und pflegte dann sowohl beim Hin- und Rückreisen ein oder ein paar Tage in Dresden zu verweilen. Auch an ihm erschien damals eine Lebendigkeit des Geistes, welche vielleicht am besten bezeichnet wird, wenn ich hier gleich beifüge, daß ihre Nachhaltigkeit nach einigen und dreißig Jahren später sich immer noch auf glänzende Weise bewährt hat. Was mich an ihm zunächst überraschte, war die vollendete Feinheit des Hofmannes bei einer solchen Tiefe des Wissens und solchem Reichtum von Erfahrungen.»[66]

«Seit fünf Tagen besitze ich (...) Ihre herrliche Schrift über den Knochenbau, und seit fünf Tagen bin ich ununterbrochen damit beschäftigt. Lange hat mich nichts so bewegt als Ihre großartigen Ansichten der Natur (...) Meine schönsten Hoffnungen, Sie für den hiesigen Staat zu erwerben, sind leider nicht erfüllt worden. Ich fühle bei Erscheinung dieser Ihrer letzten Arbeit doppelt, was mir entfahren[67], aber ich ehre und billige die Motive, welche Sie in dem schönen Lande zurückhalten, dem ich meine mineralogische und bergmännische Bildung verdanke.

Wie angenehm wäre uns Ihre mündliche Belehrung, wenn Sie uns zur Gesellschaft der Naturforscher mit Ihrer Anwesenheit beehrten. Ich werde wahrscheinlich meinen König nach Teplitz begleiten, aber schon im August hier sein. Künftiges Frühjahr gehe ich nach dem Ural und Tobolsk.

Mit der freundlichsten Hochschätzung

Al. Humboldt»

Für Carus bedeutet die Zustimmung Alexander von Humboldts außerordentlich viel. Er schreibt: «Ich durfte mich ermutigt fühlen, daß ein so Erfahrener und mit Recht Gerühmter an meinen Arbeiten eine wiederholte und aufrichtige Teilnahme bezeigte.»[68]

Während einer Durchreise im Jahre 1826 besucht A. von Humboldt Carus erstmalig auch persönlich in Dresden und leitet damit eine lebenslange, von gegenseitiger Hochachtung getragene Freundschaft ein. Carus schreibt darüber an Regis: «Humboldt (...) hielt sich nur einen Tag hier auf, ist aber (...) bei mir gewesen, daß ich ihm (...) auch einige Bilder, namentlich meinen ‹Mont Anvert› und ‹Island› (als ein paar Erdlebenbilder) vorzuführen die Zeit hatte.»[69]

Wenn A. von Humboldt (1770–1840) König Friedrich Wilhelm III. von Preußen auf seinen Reisen von Berlin nach dem böhmischen Bad Teplitz begleitet, versäumt er es von nun an kein einziges Mal, sowohl auf dem Hin- wie auf dem Rückweg bei Carus in Dresden Station zu machen (zum Beispiel 1830 in Pillnitz, 1832 usw.). Umgekehrt besucht Carus den um zwanzig Jahre älteren Freund mehrfach in Berlin (erstmalig 1817, zuletzt noch 1856, drei Jahre vor dem Tode des hochbetagten Humboldt). Auch erfährt Carus bei seiner Auslandsreise nach Paris 1835 mannigfaltige Unterstützung bei seinen Arbeiten durch A. von Humboldt, der zur gleichen Zeit in der Stadt weilt und ihn u. a. durch den Louvre führt. Beide treffen sich aber auch auswärts, zum Beispiel in Teplitz 1838.

Die bedeutendsten Anregungen erfährt C.G. Carus durch Humboldt zweifellos in der Methode und in der Blickrichtung bei seinen eigentlich geowissenschaftlichen Abhandlungen. Dazu gehören in erster Linie die «Zwölf Briefe über das Erdleben» (1826 konzipiert, 1841 erschienen).

Carus schreibt: «Im Anfang August 1836 kam Alexander von Humboldt wieder einmal zu mir. Schon war ihm der indes vollendete Druck meines Pariser Tagebuchs zu Gesicht gekommen, und als ich ihm von dem im zweiten Bändchen abgedruckten Briefe über Erdentstehung aus den ‹Erdlebenbriefen› sprach, ließ er es sich nicht nehmen, diesen Brief zur Anbahnung mehr ausführlicher Diskussionen darüber selbst mir vorzulesen, so daß ich das eigene Gefühl hatte, meine eigenen Denkversuche über solch ungeheuere Vorgänge hier aus dem Munde eines Mannes wiedergegeben zu hören, der späterhin dieselben Aufgaben in seinem ‹Kosmos› mit soviel größerer Ausführlichkeit und Vollständigkeit bearbeiten sollte.»[70]

Es ist ganz deutlich, daß Carus in diesen persönlichen Gesprächen mit A. von Humboldt tiefgreifende Anregungen empfangen hat. Dies gilt besonders für die Jahre ab 1832, in denen Humboldt an seinen fünf Bänden der «Kosmos»-Ausgabe arbeitet (erschienen zwischen 1845 und 1862), während Carus seinerseits zeitlich parallel die «Erdlebenbriefe» gestaltete. Dennoch sind die «Erdlebenbriefe» ein durchaus eigenständiges Werk und betonen den Organismus-Gedanken sehr viel stärker, als Humboldt es in seinem «Kosmos» getan hat. Aber man kann auch sagen, daß A. von Humboldts «Ansichten der Natur» (1808–1826) Pate bei den «Erdlebenbriefen» gestanden haben. Schon die Briefform, im Gegensatz zur streng systematischen wissenschaftlichen Darstellung, sowie der künstlerische Stil legen eine Verbindung zur Poesie bis in die Ausdrucksweise hinein nahe. Es sind dies Ansichten, die stark von A. von Humboldt beeinflußt sind. Schließlich ist der Versuch einer Gesamtschau der Erde und des Kosmos, wie Carus ihn in den «Erdlebenbriefen» unternimmt, sicherlich von Humboldts Gedankenarbeit an dem späteren Werk «Kosmos – Entwurf einer physischen Weltbeschreibung» beeinflußt. Es sind diese Werke wohl die beiden ersten und letzten Versuche im 19. Jahrhundert, ein Gesamtbild der Erde im Weltall zu geben, geschrieben von zwei Persönlichkeiten, die als Naturwissenschaftler zugleich Idealisten sind und bei denen nicht der Spezialist die Feder führt, sondern der erkenntnissuchende künstlerische Mensch.

C.G. CARUS UND J.W. VON GOETHE – GEHEIMER GLEICHKLANG ZWEIER SEELEN

Die außerordentlich anregende Freundschaft zwischen dem jungen Professor Carus und dem alten Geheimrat Johann Wolfgang von Goethe (1749–1832) beginnt 1818; Carus ist neunundzwanzig, Goethe neunundsechzig Jahre alt. Etwa ab 1815 hatte sich Carus bereits mit den morphologischen Schriften seines «Lebensgenius» Goethe beschäftigt. Im Jahre 1818 übersendet C.G. Carus dann sein großes «Lehrbuch der vergleichenden Zootomie» (mit 20 Kupfertafeln) mit der «Pflicht zur Dankbarkeit» an Goethe. Er hat diesem grundlegenden Werk einer vergleichenden Morphologie einen Goethe-Spruch aus dem Gedicht «Metamorphose der Pflanzen» als Motto vorangestellt, der seine tiefe geistig-wissenschaftliche Übereinstimmung mit der Naturanschauung Goethes bezeugt:

«Alle Gestalten sind ähnlich und keine gleichet der andern / Und so deutet das Chor auf ein geheimes Gesetz …»

Diese Buchübersendung und Widmung begründet die persönliche Freundschaft zwischen Goethe und Carus. Goethes Begeisterung ist geradezu überschwenglich, und er schreibt zurück: «Das Alter kann kein größeres Glück empfinden, als daß es sich in die Jugend hineingewachsen fühlt, und mit ihr nun fortwächst.»[71] Es schließt sich ein reger Briefwechsel und Schriftenaustausch an, und selbst kleinere medizinische Aufsätze von Carus begeistern Goethe immer wieder aufs Neue.

Im gleichen Schicksalsjahr 1818, einem «Knotenpunkt für die goetheanistische Naturwissenschaft» (nach Karl Boegner), werden kurz hintereinander zuerst Goethe, dann Carus durch den Präsidenten Christian Nees von Esenbeck (1776–1858), den bedeutenden zeitgenössischen Botaniker, selbst Goetheanist und Mitarbeiter an Goethes Heften «Zur Morphologie», in die «Kaiserlich-Leopoldinisch-Carolinische Deutsche Akademie der Naturforscher» in Halle, als der seinerzeit bedeutendsten deutschen Wissenschaftsakademie, aufgenommen.

Die seelische und geistige Harmonie zwischen Goethe und Carus bezieht sich nicht nur auf die Naturwissenschaft, sondern gerade auch auf den Zusammenklang von Wissenschaft und Kunst. Auf Bitten Goe-

Abb. 15: Goethe im Jahr 1828 (79 Jahre alt). Nach dem Bild von J. K. Stieler gemalt von Julie Gräfin von Egloffstein. Carus über Goethe im Jahr 1821 (nach seiner persönlichen Begegnung in Weimar): «Die zweiundsiebzig Jahre haben auf Goethe wenig Eindruck gemacht, der Arcus senilis in der Hornhaut beider Augen beginnt zwar sich zu bilden, aber ohne dem Feuer des Auges zu schaden. Überhaupt ist das Auge an ihm vorzüglich sprechend, und mir erschien darin zumeist die ganze Weichheit des Dichtergemüts, welche sein übriger ablehnender Anstand nur mit Mühe zurückzuhalten und gegen das Eindringen und Belästigen der Welt zu schützen scheint. Doch auch das ganze Feuer des hochbegabten Sehers leuchtete in einzelnen Momenten mit fast dämonischer Gewalt aus den schnell aufgeschlagenen Augen hervor.»[72]

thes sendet Carus auch einige seiner Landschaftsbilder für die ständige Ausstellung nach Weimar. Goethe schreibt am 29. Oktober 1823: «Vielleicht tauschen Sie solche Stücke von Zeit zu Zeit mit anderen aus und setzen uns dadurch in den Stand, die bewundernswürdige Vielseitigkeit Ihrer ausgebildeten Naturgaben anzustaunen und näher kennen zu lernen. Es ist überhaupt mit Worten nicht auszusprechen, auf welcherlei Betrachtung Ihre unerschöpfliche Tätigkeit hinweist.»

Für die von Goethe seit 1817 herausgegebenen berühmten Hefte zur Morphologie («Zur Naturwissenschaft überhaupt, besonders zur Morphologie») schreibt Carus als einziger Zeitgenosse, den Goethe dessen würdig hält, gleich drei Abhandlungen:

1. Selbstanzeige zu: «Von den Ur-Theilen des Knochen- und Schalengerüstes» (Heft 4, 1822). 2. «Urform der Schalen kopfloser und bauchfüßiger Weichtiere» (Heft 5, 1823). 3. «Grundzüge allgemeiner Naturbetrachtung» (Heft 6, 1823). In den Schriften von C.G. Carus hat Goethe geradezu die Erfüllung seiner eigenen geheimsten Wünsche und seiner Bemühungen auf dem Gebiet der Morphologie erblickt. So spricht er sich 1824 im Vorwort zu seiner kleinen Schrift «Über die Lepaden» begeistert aus und wiederholt diese Zustimmung in einer persönlichen Grußbotschaft an Carus zum neuen Jahr:

«Weimar, 17. Januar 1826

Wenn ich das neueste Vorschreiten der Naturwissenschaften betrachte, so komme ich mir vor wie ein Wanderer, der in der Morgendämmerung gegen Osten ging, das heranwachsende Licht mit Freuden anschaute und die Erscheinung des großen Feuerballens mit Sehnsucht erwartete, aber doch beim Hervortreten desselben die Augen wegwenden mußte, welche den gewünschten, gehofften Glanz nicht ertragen konnten.

Es ist nicht zuviel gesagt, aber in solchem Zustande befinde ich mich, wenn ich Herrn Carus' Werk vornehme, das die Andeutungen alles Werdens von dem einfachsten bis zu dem mannigfachsten Leben durchführt und das große Geheimnis mit Wort und Bild vor Augen legt: daß nichts entspringt, als was schon angekündigt ist, und daß die Ankündigung erst durch das Angekündigte klar wird, wie die Weissagung durch die Erfüllung.

Treu, teilnehmend und ergeben

J.W. v. Goethe»

Als nach langen Jahren der Vorankündigung endlich 1828 das Werk «Von den Ur-Theilen des Knochen- und Schalengerüstes» erscheint und Carus es Goethe zuschicken kann, ist dieser davon im Innersten enthusiastisch ergriffen. Gerade in diesem Werk, in dem Carus wohl am vollkommensten den von Goethe an der Pflanze mit Meisterschaft entwickelten Begriff der morphologischen Metamorphose nun auch am schwierigen Objekt des Tieres, das heißt an der Knochenmetamorphose des Tierreiches, durchführt, hat Goethe geradezu eine Krönung seiner eigenen Intentionen erblickt, und er schreibt daraufhin in einem Widmungsblatt, das Carus auf einer viermonatigen Reise durch die Schweiz und Italien in Florenz erreicht, die folgende poetische Antwort:

«Ein alter Schiffer, der sein ganzes Leben auf dem Ozean der Natur mit Hin- und Wiederfahren von Insel zu Insel zugebracht, die seltsamsten Wundergestalten in allen drei Elementen beobachtet und ihre geheim-gemeinsamen Bildungsgesetze geahnt hat, aber auf sein notwendigstes Ruder-, Segel- und Steuergeschäft aufmerksam, sich den anlockenden Betrachtungen nicht widmen konnte, der erfährt und schaut nun zuletzt: daß der unermeßliche Abgrund durchforscht, die aus dem Einfachsten ins Unendliche vermannigfaltigten Gestalten in ihren Bezügen ans Tageslicht gehoben und ein so großes und unglaubliches Geschäft wirklich getan sei. Wie sehr findet er Ursache, verwundernd sich zu erfreuen, daß seine Sehnsucht verwirklicht und sein Hoffen über allen Wunsch erfüllt worden. Mehr darf ich nicht sagen, denn ich habe kaum einen Blick in das Werk getan, der aber schon auf das Vollkommenste erhebt und befriedigt.

Mit den treuesten Wünschen und Grüßen folge dem würdigen Naturforscher gegenwärtiges Blatt und wo es ihn trifft, sei es Zeuge meines Dankes und meiner Segnungen.

Und so fortan treu teilnehmend

Weimar, den 8. 6. 1828 J.W. v. Goethe»

Auf die tiefe Geistverwandtschaft zwischen Carus und Goethe beim Betrachten der organischen Natur weist Rudolf Steiner (1861–1925) bei der Herausgabe von «Goethes Naturwissenschaftlichen Schriften» im Anhang des ersten Bandes nachdrücklich hin.[73] Er hat dort auch die drei von Carus eingesandten Arbeiten abgedruckt und mit ausführlichen Anmerkungen versehen. Diese stellen Steiners längste Äußerungen über Carus dar. Steiner schreibt:

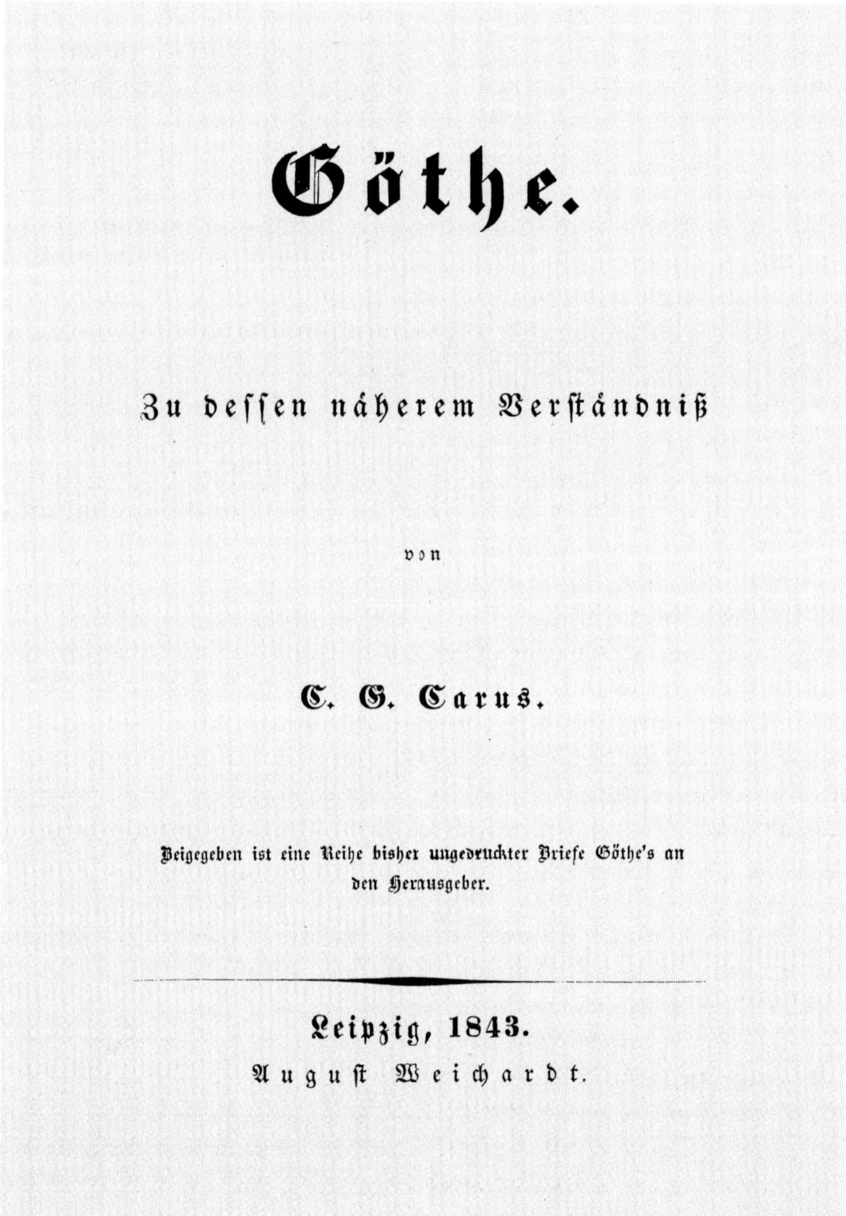

Göthe.

Zu dessen näherem Verständniß

von

C. G. Carus.

Beigegeben ist eine Reihe bisher ungedruckter Briefe Göthe's an den Herausgeber.

Leipzig, 1843.
August Weichardt.

Abb. 16: Titelblatt zu C.G. Carus: «Göthe – zu dessen näherem Verständnis», 1843. Nachdem 1835 die Briefe von Carus über Goethes Faust erschienen waren, schreibt er 1843 ein zweites Werk über sein Lebensvorbild. Es darf bis heute als eines der einfühlsamsten Goethebücher gelten, geschrieben von einem kongenialen Geist.

«Carus (...) hat Goethes morphologische Anschauungen mit tiefem Verständnisse in sich aufgenommen und seine auf alle Gebiete der Naturwissenschaft sich erstreckenden Forschungen ganz in ihrem Geiste angestellt.» Und über das Werk «Von den Ur-Theilen des Knochengerüstes ...» sagt er: «Das Werk liefert den Beweis für die ungeheure Fruchtbarkeit Goethescher Ideen über die Morphologie. Der Geist des letzteren ist über das ganze ausgegossen. Goethes Freude an dieser Fortsetzung seiner eigenen Denkrichtung mußte eine ungeheure sein.»[74]

Die einzige persönliche Begegnung zwischen den beiden Naturforschern erfolgt am 21. Juli 1821 in Weimar zu Beginn der großen wissenschaftlichen Mittelmeerreise von Carus. Die zwei Stunden währende Begegnung, über die Carus in seinen Lebenserinnerungen ausführlich berichtet, bestätigt die außerordentliche Geistverwandtschaft dieser beiden kongenialen Persönlichkeiten in allen Gesprächsthemen (anatomische Morphologie, Geologie und Kunst). Beide sind tief voneinander beeindruckt. Carus schreibt:

«So saß ich denn nun ihm gegenüber! Die Erscheinung eines Menschen, welchem ich selbst einen so großen Einfluß auf meine Entwicklung zugestehen mußte, war mir plötzlich nahe gerückt (...) Die gewöhnlichen einleitenden Gespräche waren bald beseitigt, ich erzählte von meinen neuen Arbeiten über die Ur-Theile des Knochengerüstes und konnte ihm die Bestätigung seiner frühern Vermutung über das Dasein von sechs Kopfwirbeln mitteilen (...) Er unterbrach mich oft durch beifällige Ausrufungen und freudiges Kopfnicken. ‹Jaja, die Sache ist in guten Händen›, sagte er (...) Späterhin kamen wir auf das Bedeutungsvolle in der Form der Felsen und Gebirge für die Bestimmung der Art des Gesteins, ja für die gesamte Bildung der Erdoberfläche; und auch in diesen Ideen war er völlig einheimisch ...»[75]

Und Goethe schreibt nach diesem Besuch: «Ew. Wohlgeboren – nur allzu kurzer Besuch hat mir eine tiefe Sehnsucht zurückgelassen; ich habe mich die Zeit her oft mit Ihnen im stillen unterhalten (...) Sie vereinigen so viele Eigenschaften, Fähigkeiten und Fertigkeiten, deren innigst lebendige Verbindung teilnehmendes Bewundern erregt.»[76]

Überhaupt gehört der Briefwechsel zwischen Goethe und Carus zu den schönsten und erhabensten Zeugnissen der Begegnung zweier großer Persönlichkeiten.

Carus hat später der Welt drei der einfühlsamsten Goethestudien geschenkt, die wir besitzen: «Briefe über Goethes Faust» (1835), «Göthe – zu dessen näherem Verständnis» (1843) und «Göthe und dessen Bedeutung für unsere und die kommende Zeit» (1863). Die folgende Passage aus letzterem Werk mag nicht nur die einfühlsame, geniale Art der Beschreibung charakterisieren, sondern sie kann zugleich in vollem Maße auf das Leben von Carus selbst angewendet werden: «Überall leuchtet [aus Goethes Lebenszeugnissen] hervor, wie die rechte Ausbildung seines Lebens – die *Lebenskunst* – ihn eigentlich viel tiefer beschäftigte als alles andere, ja, wie dieses andere vielmehr durchaus Blüten waren, welche frei und leicht von selbst hervortrieben, während jenes ernste Werk [der rechte Bau an der Pyramide seines Daseins] unaufhaltsam, mit Mühe und Aufopferung und rein absichtlich fortgeführt wurde.»[77]

Die Freundschaft zwischen Carus und Goethe währt auch ohne direkten äußeren Kontakt bis zum Lebensende Goethes. Noch 1831 schreibt Carus eine bedeutungsvolle Rezension der französischen Ausgabe von Goethes «Metamorphose der Pflanzen» in den Berliner «Jahrbüchern für wissenschaftliche Kritik» Varnhagen von Enses. Aus dem gleichen Jahr datiert ein letzter Brief Goethes an Carus, der diesem nachträglich durch Kanzler von Müller zugesandt wurde. Carus hatte Goethe seine 1831 als Buch erschienenen «Vorlesungen über Psychologie» zugesandt, und Goethe scheint auf den ersten Blick Carus zustimmend auch auf diesem nach genetischer Methode angelegten Weg zum Unbewußten des Menschen zu folgen. In dem postum aufgefundenen, nicht unterzeichneten Brief schreibt Goethe:

«Ew. Wohlgeboren

bin sehr gern auf jenem Wege gefolgt, den Sie in Natur und Kunst ausübend zu betrachten in den verschiedensten Richtungen eingeschlagen hatten. Ebenso angenehm ist es mir, Sie gegenwärtig zu begleiten, da Sie uns in unser Inneres zurückführen. Ich sage dies bei den ersten Blicken, die ich in Ihr neuestes Werk tue, wo mir so viel Belehrendes und Aufregendes entgegentritt (...) Auch hier sage ich nichts weiter, aber zu versichern hab' ich, daß ich Ihre Bemühungen, die uns noch innerhalb des Kreises menschlicher Natur dem Unendlichen anzunähern auf das richtigste und bescheidenste sich bestreben, teilnehmend anerkenne; womit ich denn, eine lange Folge solcher edlen Unternehmungen wünschend, mich und das Meinige zu wohlwollendem Andenken dringlichst empfehle.

Weimar, November 1831»

Trotz dieser zustimmenden Briefzeilen ist die Frage nach Goethes Verhältnis zur Sphäre des Unbewußten, wie dieses in den Goethe übersandten Vorlesungen von Carus beschrieben wird, nicht absolut eindeutig zu beantworten. Merkwürdig ist der Umstand, daß Goethe den zustimmenden Brief an Carus vom November 1831 nie unterzeichnet und abgesandt hat. Außerdem notiert Goethe später offensichtlich nach der Lektüre der Carus-Vorlesungen in den ersten Tagen des Jahres 1832 in sein Tagebuch: «Im Stillen großes Bedenken über Psychologie von der Nachtseite – Gegenwirkung, eine dergleichen von der Tagseite zu schreiben, gleich festgestellt und nachts bei einigen schlaflosen Stunden durchgeführt.» (3. 1. 1832)[78]

Danach will es so scheinen, als habe Goethe dem Weg von Carus zur «Nachtseite» des Menschen doch nicht ganz folgen wollen. Es entspräche dies durchaus auch dem Wesen von Goethe als «Tagmensch». Die «Nachtseite» der Romantiker war ihm stets suspekt.[79] Man kann daher Novalis, C.D. Friedrich, Ludwig Tieck und andere Romantiker von Goethes Weltsicht aus nicht zutreffend beurteilen. Dies gilt auch für jene Seite von Carus, die sich der romantischen Seelenstimmung und der Sphäre des Unbewußten zuneigt. Carus geht deutlich mit seinen Neigungen über die Klassik hinaus.

Wie bedeutungsvoll die von Carus beschriebene Nachtseite des Menschen indessen ist, davon legt nicht nur die Fortentwicklung dieser Sicht in der Psychologie von Ludwig Klages (1872–1956), sondern auch die spätere Entwicklung der Psychosomatik und der Psychotherapie ein Zeugnis ab. Sie ist aus der modernen Medizin und Therapie nicht mehr wegzudenken, wie Peter Petersen in seinen Dresdner Vorlesungen 1992 aufzeigt.[80] – Goethe hat wohl die Entdeckung dieses «Neulandes» im menschlichen Seeleninneren «vorausgeahnt»; aber sie war ihm unheimlich, und so hält er sowohl seine zustimmenden Briefzeilen wie sein leises Bedenken gegen Carus' psychologischen Ansatz vornehm zurück. Dadurch endet diese große Männerfreundschaft ohne einen menschlichen Mißklang.

Schauen wir rückblickend noch einmal auf den «inneren Gleichklang» der Lebensläufe von Carus und Goethe hin, so kristallisieren sich die folgenden immanenten Leitmotive als biographische Parallelen heraus:

- Der lange *«Lebensatem»*; beide haben ein über achtzigjähriges Erdenleben.

- Ein vehementer *Ortswechsel*, der zum Betreten des eigentlichen Schicksalsraumes führt (Weimar bzw. Dresden).
- Eine große *Ortskonstanz;* Goethe hat sechsundfünfzig Jahre in Weimar, Carus fünfundfünfzig Jahre in Dresden gewirkt. Trotz verlockender Angebote wollten beide ihren Wirkensort nicht verlassen.
- Vielfache *Reisen als Entwicklungsschritt;* auffällig ist die tiefe Liebe beider Persönlichkeiten zu Italien, die uralte Seelensaiten anrührt und wieder zum Erklingen bringt.
- Eine stets neu errungene *«Gesundheit als Lebensprinzip»;* dazu gehören aber auch schicksalshaft notwendige, *«gesundende Krankheiten»*, die zur «seelischen Häutung» und Umschmelzung führen.
- Ein *gelockertes Wesensgefüge* als Ausdruck physischer und seelischer Erschütterung; dadurch ist ein Hereinträufeln übersinnlicher Ahnungen möglich, das heißt, das Herankommen an die geistige Welt als einer Realität.
- Das *Künstlerische als Lebensprinzip;* dabei ist die *«Lebenskunst»* (Ausdruck von Carus zur Goethe-Biographie) die höchste Kunst überhaupt. Gemeint ist damit das gestaltende Hereinwirken des Ich in die eigene Biographie, wodurch diese zum Kunstwerk gestaltet wird.

Der bedeutendste seelisch-geistige Gleichklang zwischen Carus und Goethe liegt aber in dem Blick für die ganzheitliche, organische Auffassung der Welt in ihren natürlichen und ideellen Erscheinungen. Deshalb empfindet Goethe den vierzig Jahre jüngeren C.G. Carus als Fortsetzer seiner eigenen Bestrebungen. Diese Strebensrichtung ist es, die Carus zum «Goetheanisten» macht.

C.G. CARUS UND C.D. FRIEDRICH – LANDSCHAFTSMALEREI ALS ‹ERDENFRÖMMIGKEIT›

Die bald zur Freundschaft werdende Beziehung zwischen C.G. Carus und Caspar David Friedrich (1774–1840) geht auf das Jahr 1816/17 zurück und berührt eine ganz entscheidende Seite von Carus' Schaffen, nämlich die malerisch-künstlerische Seite. Malen und Zeichnen bedeutet aber bei dem Künstler Carus von Jugend an überwiegend Landschaftsmalerei. Die Liebe zur Erde, die sich bei C.D. Friedrich geradezu zur «Erdenfrömmigkeit» steigert, verbindet Carus und Friedrich tief miteinander. Carus hatte sich bereits ab 1811 autodidaktisch in der Ölmalerei versucht; 1813 war noch in Leipzig sein erstes großes Ölgemälde, «Waldeinsamkeit», entstanden. Dieses und drei andere in Dresden entstandene Ölbilder gibt er im August 1816 auf die Kunstausstellung der Dresdner Akademie. Alle Bildthemen sind düster (Waldeinsamkeit, Herbstnebel, Friedhof mit Kind, Dantes Hölle), worin als äußerer Anlaß zum einen die seelische Erschütterung über den Tod seines Sohnes Ernst-Albert (im Frühjahr 1816) nachwirkt. Zum anderen spricht sich darin eine charakteristische therapeutische Seite seiner Malerei aus, nämlich die Fähigkeit, durch die Kunst seelischen Schmerz zu bewältigen, eine Besonderheit, die ihn mit Goethe und C.D. Friedrich verbindet. Er schreibt: «Wie oft ist es mir daher nicht auch noch späterhin gelungen, das innerste Geheimnis der Seele von schwerer Trübung zu reinigen, indem ich dunkle Nebelbilder, in Schnee versunkene Friedhöfe und Ähnliches in bildlichen Kompositionen entwarf, welche (...) doch endlich immer am meisten mir selbst Erleichterung, ja Befreiung zu schaffen pflegten.»[81] – Als einen weiteren Grund für die ganz offensichtlich selbsterfahrene Wirksamkeit der Landschaftsmalerei führt Carus später in seinen «Neun Briefen über Landschaftsmalerei» (Leipzig 1831) aus: «Das Gefühl des Aufstrebens, der Ermutigung, der Entwicklung, das Gefühl wahrer innerer Klarheit und Ruhe, das Gefühl des Hinwelkens, der Schwermut und die Fühllosigkeit, Apathie sind auch (...) im ewigen Naturleben (...) die vier Stadien, auf welche, als die ursprünglichen Grundtöne, das Gemütsleben mit all seiner unendlichen Mannigfaltigkeit sich zurückführen läßt.»[82]

Abb. 17: Caspar David Friedrich: Selbstbildnis, um 1810. Carus über C.D. Friedrich: «Er stand damals in den Vierzigerjahren, und die Schärfe seiner Individualität war eben um diese Zeit leiblich und geistig am entschiedensten ausgeprägt. Gebürtig vom Strande der Ostsee, eine recht scharf gezeichnete norddeutsche Natur, mit blondem Haar und Backenbart, einem bedeutenden Kopfbau und von hagerem, stark knochigen Körper, trug er einen eigenen melancholischen Ausdruck in seinem meist bleichen Gesicht, dessen blaues Augenpaar so tief unter dem stark vorspringenden Orbitalrande und buschigen, ebenfalls blonden Augenbrauen verborgen lag, daß darin schon der Blick des die Lichtwirkung im höchsten Grade konzentrierenden Malers sehr charakteristisch sich erklärt fand.»[83]

An einem gut faßbaren Beispiel läßt sich die seelisch befreiende Wirkung der künstlerischen Selbsttherapie durch die Landschaftsmalerei bei Carus eindrücklich belegen: es ist das im Frühjahr 1814 nach der lebensbedrohenden Typhuserkrankung in Leipzig entstandene Ölbild von Carus, «Frühling im Leipziger Rosental» (nicht identisch mit dem Ölbild, «Waldeinsamkeit», das nicht erhalten ist). Durch dieses ätherisch zarte, zauberhafte Frühlingsbild markiert Carus seine Wiedergesundung nach einem krisenhaft bedrohlichen Wendepunkt, kurz vor dem Ruf auf die Medizinprofessur nach Dresden. Die therapeutische Wirkung dieses Bildes hat S. Grosche in seiner Dissertation meisterhaft beschrieben: «In dieser vielleicht empfindsamsten und zartesten Naturstudie von Carus wird der Betrachter fast unmerklich in einen ‹diagonalen Tiefenzug› (Prause, 1968, S. 20) einbezogen, der von den bizarren, abgestorben anmutenden Aststrukturen im linken Vordergrund des Bildes zur atmosphärischen Stimmung des zarten Frühlingswaldes der Bildmitte verläuft. In keinem anderen Bild von Carus wird die künstlerische Selbsttherapie seelischer Bedrängnis deutlicher als in diesem frühen Ölgemälde. Während im Bildvordergrund die harten Konturen des Geästes abrupt in die silbrigglänzend spiegelnde Oberfläche des Flußlaufes einschneiden, kommt der betrachtende Blick mit der Verfolgung der diagonalen, im Hintergrund schon mit zartem, frühlingshaften Leben austreibenden Baumreihe in eine ungemein harmonisch gedämpfte und konturarme Naturatmosphäre des Frühlingswaldes hinein. In der Bilddiagonalen verläuft somit gleichsam der therapeutische Prozeß der Konsolidierung disharmonischer Seelenzustände. Dieser Vorgang findet sowohl bei der malerischen Realisierung des Bildes als auch in der Betrachtung des Gemäldes statt.»[84]

Infolge der Dresdner Ausstellung (1816) kommt 1816/17 der Kontakt zu C.D. Friedrich zustande. Durch gegenseitiges Einfühlungsvermögen, künstlerisch-seelische Übereinstimmung in der romantischen Landschaftsmalerei und durch gemeinsame Ausflüge bis in die Sächsische Schweiz wird diese Verbindung zur Freundschaft zweier Künstlerseelen. Mit warmen Worten charakterisiert Carus den Freund: «Gestern kehrte mein alter Friedrich zurück, nachdem er zwei Monate an der Ostsee geweilt. Er wird mir immer lieber. Es ist eine Tiefe des Gefühls in ihm, wie ich noch in wenig Menschen gefunden, und dabei eine hohe Reinheit und Liebe zu allem Guten.»[85] Durch Caspar David Friedrich wird Carus in die Technik der Ölmalerei eingeführt, insbesondere aber in das Geheimnis von Licht und Dunkel:

«Friedrich empfahl mir einst ein Experiment (...) Ein Mondscheinbild fand er einst auf meiner Staffelei. Da bat er mich, eine dunkle Lasur auf die Palette zu nehmen und außerhalb des Mondes und der nächsterleuchteten Stellen alles, und je mehr gegen den Rand des Bildes umso dunkler, damit zu übertuschen (...) Ich tat es, und das Bild war mit eins ein anderes geworden; nun erst war die Illusion der Mondbeleuchtung deutlich.»[86]

Bis in die Bildthematik hinein wird Carus in der Zeit ihrer intensiven Freundschaft (1818 bis etwa 1828) tief von C.D. Friedrich beeinflußt.[87]

Die beiden Freunde unternehmen auch gemeinsame Wanderungen in die Umgebung von Dresden, ins Elbsandsteingebirge und bis nach Teplitz in Böhmen. Selbst die beiden ersten größeren Reisen von Carus nach Rügen (1819) und ins Riesengebirge (1820) sind bis hin zur Route den Reisen von C.D. Friedrich nachgestaltet. Nicht zuletzt verdanken wir der Freundschaft dieser beiden großen Landschaftsmaler die entscheidende theoretische Arbeit über dieses Sujet. Es ist die in den Jahren von 1815 bis 1824 geschriebene, aber erst 1831 publizierte Schrift von Carus «Neun Briefe über Landschaftsmalerei» (mit einem Brief von Goethe als Einleitung).[88] Die Intention dieser Briefe kennzeichnet Carus in seinen Lebenserinnerungen mit den Worten: «Es trat in diesen Briefen eine eigentümliche Vermählung von Wissenschaft und Kunst hervor, und dies ist es auch jedenfalls, wodurch ihnen eine bleibende Stelle in der Literatur erhalten werden wird.»[89]

Die erweiterte Ausgabe – nun «Zehn Briefe über Landschaftsmalerei» (1835) – ist den «Zwölf Briefen über das Erdleben» (1841) innerlich tief verwandt, denn in beiden Schriften geht es Carus um die Erfassung der Erde als eines organischen Lebewesens, das heißt um die Gestaltung des Lebendigen des Erdorganismus. Deshalb spricht Carus in den Briefen über Landschaftsmalerei (besonders ausführlich im 7. Brief) geradezu von *Erdleben-Bildern*[90] und meint damit das künstlerische Erfassen der Bildekräfte, die in der Landschaftsgestaltung walten. Das Wahrnehmen dieser Bildekräfte der Erde mündet bei Carus und C.D. Friedrich in eine Frömmigkeit der Erde gegenüber ein: die Erde selbst wird als Ausdruck des Mensch gewordenen und mit der Erde verbundenen Gottes erlebt. Von daher hat man speziell C.D. Friedrich geradezu als den Maler der ‹Erdenfrömmigkeit› bezeichnet.[91]

Aber auch bei Carus ist das Motiv einer christlichen ‹Erdenfrömmigkeit› deutlich ausgeprägt. Wie Novalis diese geheime Sehnsucht der Romantiker in die Worte faßt: «Die individuelle Seele soll mit der

Abb. 18: C.G. Carus: Frühling im Leipziger Rosental, 1814 (siehe auch Text auf Seite 70).

Zu Abb. 18: Das Bild offenbart in seiner Farbigkeit, exakten Linienführung und poetischen Stimmung seine früh veranlagte malerische Begabung. Er schreibt: «Eine Szene aus dem Rosental im ersten noch blätterlosen Frühlingstreiben, sorgfältig nach der Natur gezeichnet und dann als Ölbild mit größter Sauberkeit ausgeführt, gehört zu dem Besten, was ich überhaupt gemalt.»[92] Das Bild charakterisiert die besonders intensive Beziehung zur lebendigen Pflanzenwelt, insbesondere den Bäumen – hier denen des Rosentals. «Ich kannte hier so viele Bäume wie alte Freunde, so viele Stämme mit den malerischen Wurzeln hatte ich gezeichnet (...) es ist unglaublich, wie man an solche freien Naturgebilde sich heften kann.»[93] Das Bild läßt in seiner zauberhaften atmosphärischen Stimmung diese intime Zwiesprache mit der belebten Natur wahrnehmbar werden. Man spürt geradezu den «Ätherhauch» der Pflanzenwelt.

Zu Abb. 19: Die Klosterruine auf dem Oybin bei Zittau hat Carus auf seiner Riesengebirgsreise 1820 kennengelernt, sie mehrfach gezeichnet und späterhin auch gemalt. C.D. Friedrich hat dieses Motiv ebenfalls verwendet. Deutlich ist im Hintergrund die charakteristische Felslandschaft des Gebirges zu erkennen. Im Mittelpunkt der Bildthematik aber steht die typisch romantische Aussage von Tod und Vergänglichkeit: die verfallene Klosterruine, der verwaiste Friedhof, das einsame Kreuz, das alles bedeckende Leichentuch des Winters und die Menschenleere. Nur die verschneiten, immergrünen Tannen ragen als ein Zeichen des Lebens in ruhigem Ernst auf. In diesem Bild hat Carus exakte Natur- und Architekturstudien mit der romantischen Bildidee zu einer gelungenen Komposition vereint. Sie erinnert so stark an Bildkompositionen von C.D. Friedrich, daß das Bild zeitweise diesem zugeschrieben wurde.

Zu Abb. 20: C.G. Carus hat die Zisterzienser-Klosterruine Eldena auf seiner Rügenreise am 13. August 1819 gesehen. Er schreibt: «Die Krone des Tages war ein Abendspaziergang (...) hinaus nach Eldena, wo eine der malerischsten Klosterruinen, ein einsames umbuschtes hochgotisches Fenster mit starken Pfeilern kühn sich hervorhob (...), welches ich später mehrfach in Bildern wiedergegeben habe.»[94] Carus zählt den Besuch von Eldena neben der Insel Vilm und den Kreidesteilküsten zu den Höhepunkten seiner Rügenreise. C.D. Friedrich hat das Motiv der nahe bei seiner Heimatstadt Greifswald gelegenen Zisterzienser-Klosterruine Eldena sehr oft gemalt. Eldena hat für ihn geradezu symbolisch-mystische Bedeutung, und ihre chiffrehaft-konzentrierten Architekturelemente tauchen immer wieder in völlig anderen Bildzusammenhängen auf, zum Beispiel in dem berühmten Bild «Abtei im Eichwald» (1809/10) oder in dem Spätwerk «Klosterruine Eldena im Riesengebirge» (1830–1835). Die beiden Bilder von Friedrich und Carus offenbaren die thematische Nähe zwischen beiden Künstlern; vielleicht hat das Friedrich-Bild Carus sogar als Vorlage gedient. Die Motivähnlichkeit der Vergänglichkeitssymbole von Klosterruine, Friedhof, Grabsteine, Kreuz, abgestorbenem Baum, Nacht usw. spricht dafür. Die Bilder zeigen aber auch charakteristische Unterschiede: das Carus-Bild ist «naturalistischer» und durch die unruhigen, schweren Wolken dramatischer. Das Friedrich-Bild übersteigert den Vergänglichkeitsaspekt noch durch einen herannahenden Begräbniszug; zugleich wird aber auch der Auferstehungsaspekt durch das Kruzifix und die anbetende Gestalt mystisch-religiös überhöht. Dies liegt ganz im Sinne eines im Stil des Cherubinischen Wandersmannes gestalteten mystischen Verses von C.D. Friedrich: «Warum, die Frag' ist oft zu mir ergangen, / wählst du zum Gegenstand der Malerei / so oft den Tod, Vergänglichkeit und Grab? / Um ewig einst zu leben, / muß man sich oft dem Tod ergeben.»[95]

Abb. 19: C.G. Carus: Friedhof am Oybin im Winter, 1828 (siehe auch Text auf Seite 70).

Abb. 20: C.G. Carus: Mondnacht über der Ruine Eldena, 1835/40 (siehe auch Text auf Seite 70).

Abb. 21: C.D. Friedrich: Ruine Eldena mit Begräbnis. Sepia, um 1801.

Weltseele übereinstimmend werden», so offenbart Carus in den «Briefen über Landschaftsmalerei», daß es für ihn kein höheres Erleben gibt, als sein Ich aufopfernd dem Leben der Natur liebend hinzugeben. Und in den «Lebenserinnerungen» heißt es: «So sehr war von jeher meine Seele dem großen göttlichen Naturleben verschwistert, daß ich am besten die Mythe vom Antäos, dem Sohn der Tellus, verstand, dem sogleich neue Kräfte die Adern durchströmten, sowie er nur irgend den mütterlichen Boden berührte.»[96]

Nach dem Jahr 1828 beginnt sich die intensive seelische Bindung zwischen Carus und seinem Malerfreund zu lösen, wohl wegen einer abgrundtiefen Melancholie (bzw. Depression) bei Friedrich, die sein Wesen zunehmend verdüstert. Carus schreibt schon 1829 an Regis, «über ihm hängt seit Jahren eine dicke trübe Wolke geistig unklarer Zustände».[97]

So gerät C.D. Friedrich, der im Juni 1835 einen Schlaganfall erleidet und kaum noch malt, immer mehr in Vergessenheit, ja in materielle Not. Am 7. Mai 1840 stirbt er vereinsamt in Dresden. Ein Jahr nach dem Tode des einstigen Freundes und Weggenossen gibt Carus eine Denkschrift mit Zeugnissen aus dem schriftlichen Nachlaß dieses wohl bedeutendsten romantischen Landschaftsmalers Deutschlands heraus: «Friedrich der Landschaftsmaler – Zu seinem Gedächtnis» (1841) – ein letzter Liebesdienst.

REISEN IN EUROPA – LANDSCHAFTSSCHILDERUNGEN – LANDSCHAFTSZEICHNUNGEN – SUCHE NACH DER ‹ERDENSEELE›

Ähnlich wie seine Lebensgenien A. v. Humboldt und J.W. v. Goethe ist Carus gerne gereist. Aber nie aus bloß sanguinischem Bedürfnis, sondern stets zur wissenschaftlich-künstlerischen Erkenntniserweiterung. Alle Reisen bedeuteten für ihn geistig-seelische Entwicklungsschritte. Ähnlich wie Goethe kam er jedesmal als Verwandelter zurück. Dennoch waren seine Reisen nie Flucht oder Loslösungsschritt, wie so häufig bei Goethe, sondern sie ähnelten in ihrer wissenschaftlichen Motivation eher den Reisen A. v. Humboldts oder dem künstlerischen Anliegen C.D. Friedrichs.

Nachdem Carus ab 1816 in zahlreichen gemeinsamen Wanderungen mit C.D. Friedrich die Umgebung von Dresden, insbesondere das Elbsandsteingebirge kennengelernt hatte, gestaltet er die ersten größeren Reisen von Dresden aus, bis in die Tagesroute hinein, Reisen von C.D. Friedrich nach: so 1819 nach Rügen und 1820 die Reise ins Riesengebirge.

1821 reist Carus über Weimar in die Schweiz und weiter nach Italien. Als Privatmann unternimmt er 1835 eine nach eigenen Vorstellungen gestaltete wissenschaftliche Reise nach Paris und in die Rheingegenden. Als Begleitung der sächsischen Königsfamilie, die er zwischen 1828 und 1841 zweimal nach Italien begleitet hatte, lernt er 1844 auf einer ausgedehnten Reise England, Wales und Schottland kennen (22. Mai–9. August 1844).

Diese Reisen bedeuten für ihn eine außerordentliche Weitung seines geographischen Blickfeldes, insbesondere auch in Hinsicht auf seine ausgeprägten geowissenschaftlichen Interessen (Geographie, Geologie, Mineralogie, Geomorphologie). Carus hat auf allen Reisen Landschaften und Menschen genau beobachtet und über seine Eindrücke sorgfältige, ausführliche Tagebücher geführt. Sie enthalten eine Fülle von wissenschaftlichen Aufzeichnungen über Gesteine, Flora, Klima, wirtschaftliche und soziale Verhältnisse usw. Selbstverständlich hat

Carus auf seinen Reisen, wenn nur immer Zeit dafür war, gezeichnet. Diese Zeichnungen und Bilder sind eine äußerst wertvolle Ergänzung zu den Tagebüchern, geben sie doch Einblick in seine künstlerische und wissenschaftliche Beobachtungsweise der von ihm besuchten Länder. Die noch heute lesenswerten Tagebücher sind teils in seine «Lebenserinnerungen und Denkwürdigkeiten» eingeflossen, teils als eigene Buchpublikationen erschienen (zum Beispiel «Reise durch Deutschland, Österreich, Italien und die Schweiz im Jahre 1828»; «Paris und die Rheingegenden», 1835; «England und Schottland im Jahre 1844»; «Mnemosyne – Blätter aus Gedenk- und Tagebüchern», 1848).

Carus war auf all seinen Reisen ein bedeutender Erforscher der Geheimnisse der Erde, der seine Erkenntnisse auch auf die Stufe künstlerischer Anschauung heben konnte. Wissenschaftliche Erforschung der Erde und künstlerische Darstellung verschmelzen bei ihm zu einer höheren Einheit, so wie er es selbst einmal am Beispiel der Entstehung von Goethes Wolkengedicht beschrieben hat: «Daß dieses Gedicht über die Wolken entstehen konnte, dazu bedurfte es langer ernster atmosphärologischer Studien, es mußte hier beobachtet, beurteilt, gesondert werden, bis nicht nur die Kenntnis der Wolkenbildung, wie sie einfache sinnliche Anschauung gewährt, sondern die Erkenntnis, welche allein Frucht wissenschaftlicher Forschung ist, erreicht war. Nach alle diesem faßte nun das geistige Auge alle gesonderten Strahlen des Phänomens zusammen und spiegelte den Kern des Ganzen in künstlerischer Apotheose zurück. – In diesem Sinne gefaßt, erscheint dann die Kunst als Gipfel der Wissenschaft; sie wird, indem sie die Geheimnisse der Wissenschaft klar erschaut und anmutig umhüllt, im wahren Sinne *mystisch* oder, wie Goethe sie auch genannt hat: *orphisch*.»[98]

Diese Worte über Goethe gelten im vollsten Sinne für Carus selbst. So tragen seine Landschaftsschilderungen bei aller Wissenschaftlichkeit einen ausgesprochen künstlerischen Charakter. Carus ist damit einer der großen Meister der Landschaftsschilderung[99], hier würdig neben Alexander von Humboldt, Carl Ritter oder Friedrich Ratzel zu stellen. Wir verdanken ihm einige der schönsten und einfühlsamsten Schilderungen europäischer Landschaften, insbesondere Deutschlands, der Schweiz, Italiens, Frankreichs und Englands. Alle Landschaftsschilderungen offenbaren zunächst die exakte, wissenschaftlich geschulte Beobachtungsgabe. Dann aber erheben sie sich zur künstlerisch-imaginativen Bildebene, die das Wesen einer Landschaft durchscheinen läßt. Dabei durchschreitet Carus die verschiedenen Sphären und «Hüllenelemente»[100] der Erde: die Gesteinswelt, die Welt des strömend bewegten Wasserelementes, die Pflanzenwelt, die Luft- und Wolkenatmosphäre, die Lichtatmosphäre. Eindrücklich ist in dieser Hinsicht zum Beispiel die Schilderung der Ostseenatur mit der *Insel Rügen*, die er 1819 besucht hat. Zwei Textpassagen sollen dies zeigen: einmal die Schilderung der kleinen bewaldeten *Insel Vilm* südlich der Hauptinsel Rügen, zum anderen die Beschreibung der Kreidefelsen am *Königsstuhl (Rügen)*, wo er die belebte Landschaft geradezu musikalisch-inspirativ erlebt:

«Der Tag in Greifswald verging uns sehr schnell. Am Morgen wurde der Turm bestiegen, und von da oben begrüßte ich zuerst den weiten blauen Spiegel der Ostsee und atmete von fern her die erquickende Luft, welche überall zu ruhen pflegt, wo das Blut der Erde, das Meer, seine Arme und Buchten dahinstreckt (...) Zur Fahrt nach Rügen – über den breiten Greifswalder Bodden hinüber – hatten wir eine kleine Schifferjacht gemietet, und bei schönem Morgenhimmel am 14. August legte ich denn also aus zu dieser ersten Seefahrt (...) Der nächste Punkt war die kleine, bewaldete Insel Vilm, die ein paar Stunden östlich von Putbus im Bodden liegt und von welcher wir dann nach Mönchgut hinüberzufahren gedachten. Es war ein prächtiger Sommernachmittag, das kleine Boot, nur von einem Fischer gerudert, glitt leicht über die schaukelnden Wellen, und bald waren wir unter den mächtigen Buchen und Eichen von Vilm gelandet. Ich kann sagen, ich habe kaum jemals wieder dies Gefühl so ganz reinen, schönen und einsamen Naturlebens gehabt wie damals auf diesem kleinen Eilande, das sonst niemand zu sehen pflegt, der Rügen besucht. Wie malerisch drängt sich dort über das am Ufer gehäufte Gestein die frischeste Vegetation des Gebüsches, wie ungestört und ehrwürdig sind da Eichen und Buchen zu ungewöhnlichem Umfange aufgewachsen! Ich traf eine uralte Eiche inmitten der Insel, sie war fast ganz abgestorben, und die ungeheuren Äste streckten sich abgewettert und glänzend grau in die blaue Luft, aber statt der eigenen Blätterfülle hatte sich nun ein gewaltiger Efeu hineingerankt und umgab die fast Verdorrte mit Behängen erneuten Lebens. Nicht weit davon stand eine alte Rotbuche, die Zweige, reich mit Blätterfülle belastet, hingen laubenartig bis auf den Rasen um den alten Stamm herum. Kurz, wohin man sah, reiche kräftige Urnatur des Nordens! (...) Ich habe späterhin in einem größeren Bilde ‹Erinnerung an eine bewaldete Insel der Ostsee› einiges von dieser Szenerie mir geistig zu reproduzieren versucht. (...) Dann zogen wir von Bergen fort und wendeten uns über die Jasmunder Fähre und Sagard nach der schönen

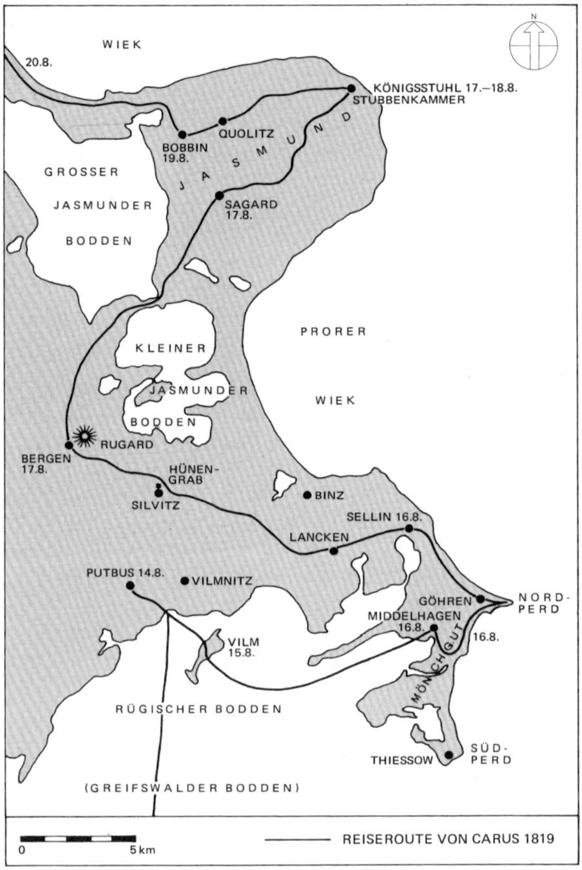

Abb. 22: Reiseroute von Carus zur Insel Vilm und zu den Kreidefelsen am Königsstuhl im Rahmen seiner Reise durch Rügen 1819.

Zu Abb. 23: Carus hat seine Ostseeimpressionen in dieses Ölgemälde verdichtet, das mit Recht als ein «Erdlebenbild» bezeichnet werden kann. Die ganze überquellende Lebensfülle der ätherisch-jungfräulichen nordischen Urnatur an der Ostsee spricht sich in den mächtigen Baumgestalten als Urbild des Lebens aus. Es sind aber keine verwöhnten Parkbäume, sondern Lebewesen, die in ihrer kernigen Kraft den rauhen Elementen von Wind und Wetter trotzen. Zwar sind einzelne Äste abgestorben, aber der festgewurzelte Stamm hat standgehalten und neues Leben aus sich entlassen. Das bewegte Wolkenleben der Luftatmosphäre verleiht dem Bild trotz aller Menschenleere seinen dramatischen Akzent. Das lebendige Zusammenspiel von Wasser, Luft und Vegetation als Ausdruck des bewegten Erdenleibes gibt der Darstellung eine besondere Ausdruckskraft. So wird das Landschaftsbild selbst zur Quelle der Naturerkenntnis.

Abb. 23: C.G. Carus: Eichen am Meer. Motiv von der Insel Vilm/Ostsee, 1835. Carus hat die Insel Vilm am 15. August 1819 besucht (vgl. seine Landschaftsschilderung auf Seite 77 u. 80).

und weiten Buchenwaldung, welche das gepriesene Stubbenkammer ankündigt. Hier gegen Abend wanderten wir nun den Fußweg durch die grünen Laubgänge, indem von weitem schon das Rauschen des Meeres mit dem nahen Spiel des Windes in den Blättern sich mischte. Mit eins öffnet sich der Wald, wir stehen an den jäh abstürzenden Kreideklippen des Königsstuhls, junge Rotbuchen wehen mit ihren weit hinabhängenden Ästen über der tief unten brausenden Brandung, und in breiter Ausdehnung bis an die feine Linie des Horizontes dehnt sich der blaugraue Spiegel der Ostsee, während feiner Regen herabsprüht und unter fernem Donner ein Regenbogen östlich über der Wasserfläche sich auferbaut. Wie jemand, der mit viel Sinn für Musik sich immer an leichten Melodien und heiteren Gesängen hat begnügen müssen und dem nun mit einem Male eine große, vollständige Beethovensche Symphonie ins Ohr dröhnt, so ungefähr war mir, und man wird es um so mehr verstehen, wenn ich sage, daß ich von dieser Reise manche für immer nachwirkende Naturanschauungen heimgebracht habe.»[101]

Ein Textbeispiel dafür, wie genau Carus die Gesteinswelt beobachtet und in ihrem Zusammenspiel mit dem Wasserelement des Meeres be-

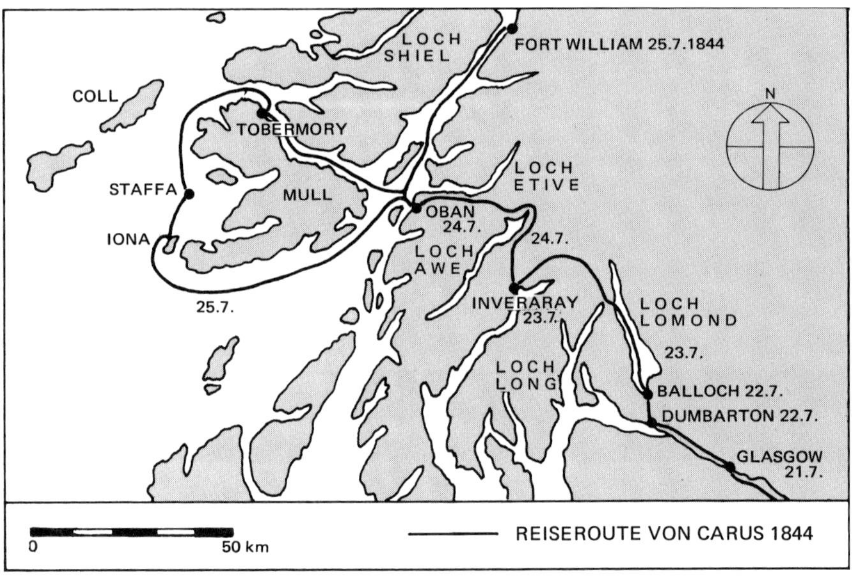

Abb. 24: Reiseroute von Carus zur Insel Staffa im Rahmen seiner Reise durch England und Schottland im Jahre 1844.

schreibt, ist die Schilderung der *Insel Staffa* im Nordatlantik (Innere Hebriden), die er 1844 auf seiner Englandreise am 25. Juli von Schottland aus besucht:

«Es erregte mir ein eigenes Gefühl zu denken, daß in kurzem dieses Wunder-Eiland, dessen Basaltfelsen und *Fingalshöhle* schon in den Kinderjahren meine Phantasie beschäftigt, (...) mir nahe vor Augen gerückt werden sollte! (...) Es war gegen 10 Uhr (d. h. also nach einer Fahrt von etwa 5½ Stunden von Oban aus), als wir die Felsen von *Staffa* deutlicher mit bloßen Augen erkennen konnten (...) Immer näher kam uns nun die Prachterscheinung dieser in undenklicher Zeit einst aus dem Boden des Meeres aufgestiegenen Basaltmasse! –

Wir fuhren an der Südseite derselben vorüber, und alsbald eröffneten sich die Wunder der Basaltkolonnaden und ihrer beiden großen mit Recht weltberühmten Höhlen. –

Breit hin streckt sich die Insel über den prachtvoll grünlichen Wogen, gräulich dunkel heben sich über dem wüsten Schaume der Brandung die Säulen, und über diese hin dehnt sich das hohe Lager eines gelblich schwärzlichen Trapp, der den Rasen auf der Höhe der Insel trägt (...) Jetzt kamen die Fischer mit ihrem Boot heran, legten bei am Dampfschiff, wir stiegen hinab auf das von den klaren Wellen hochgeschaukelte kleine Fahrzeug, und hinüber ging's nach dem gähnenden dunkeln Tor der größten und schönsten der Höhlen – der Fingalshöhle (...) Welches Wunder nun, als wir zwischen diesen hohen schwarzen Pfeilern und unter dem einige sechzig Fuß über dem Wasserspiegel sich hebenden dunkeln Gewölbe, auf den intensiv grünen durchsichtigen Wellen weit in die Tiefe der Höhle hineinfuhren; als das Echo der Ruderschläge und Stimmen vom Gewölbe und aus der Tiefe widertönte und das merkwürdigste Lichtspiel an diesen oft 3 bis 4 Fuß im Durchmesser haltenden Säulen uns überall in Erstaunen setzte. –

Man fährt etwa die Länge eines großen Kirchenschiffs in die Tiefe der Höhle hinein und muß dann wieder rückwärts.

Gegen den Eingang hin stiegen wir nun aus dem Boote auf die links aufsteigenden unvollkommenen Basaltsäulen hinauf und gingen dann auf deren oberen Bruchflächen abermals ein Stück in die Höhle hinein. Überall die wundervollsten Anblicke (...) Auf diesem etwas gefährlichen Wege muß man sich immer dicht an der Säulenwand halten; man sieht dabei über sich Fragmente abgebrochener Säulen an der Trappmasse haftend, welche die Decke der Höhle bildet, die Säulen selbst sind viel in der Quere geteilt. Stärke und Zahl ihrer Flächen ist wie gewöhnlich ungleich (...) Wie eigentümlich der Blick ist aus diesem dunklen säulengetragenen, meererfüllten Dom, hinaus auf den blauen Seehorizont, kann man sich vielleicht einigermaßen vorstellen (...) Welche merkwürdigen Fragen hätte hier die Geologie überall zu lösen, um diese Verschiedenheit an Säulenformen und Höhlen zu erklären!»[102]

Die *Fingalshöhle* auf Staffa war in vorchristlichen Zeiten ein Ort der Muterprobung, die mit einer elementarischen Einweihung verbunden war. Der zu Erprobende wurde in einem steuer- und ruderlosen Boot der elementaren Gewalt der an die Basaltsäulen tosenden Meeresbrandung in der Höhle ausgesetzt, er schwebte tagelang zwischen Leben und Tod, bis das Boot entweder zerschellte oder die Strömung es wieder hinaustrug. Etwas von dieser Stimmung sowie von der in den Elementen lebenden Urkraft wird in der einfühlsamen Landschaftsschilderung bei Carus wahrnehmbar. Dies alles ist aber verbunden mit einer geologisch exakten Darstellung der Gesteinswelt, wie es auch seine Zeichnung der Fingalshöhle offenbart.[103]

Legen wir uns nun anhand der zitierten Textbeispiele die Frage vor, worin der besondere Ansatz von Carus besteht, und worin er über rein wissenschaftliche Landschaftsschilderungen hinausgeht, die ja meistens an dem Problem scheitern, die «Ganzheit» einer Landschaft zu erfassen.

Es ist wohl in erster Linie die Überzeugung von C.G. Carus, daß jede Landschaft als Teil des großen Lebewesens Erde eine Individualität darstellt, die eine Seele besitzt. Die Landschaft ist für ihn von sinnlich-übersinnlicher Natur, das heißt, sie hat eine seelisch-geistige Seite, der sich Carus vor allem intuitiv als Künstler nähert. Das Besondere der künstlerischen Landschaftsschilderungen besteht bei Carus darin, daß er in ihnen die «Äther-Atmosphäre», die «Äther-Aura der Erde» ertastet.[104]

Ganz besonders deutlich wird bei Carus der Weg zur Landschaft als sinnlich-übersinnlichem «Sujet» auf dem künstlerischen Gebiet der *Landschaftszeichnung* und der *Landschaftsmalerei*. Die Historiographin der Romantik, Ricarda Huch, beschreibt in ihrem großen Werk über diese Epoche, daß Carus als Frucht seiner abendlichen Spaziergänge in die Umgebung von Dresden und Pillnitz ein malerisches Tagebuch geführt habe, das «ein eindringliches Sehen und Verstehen der Natur bekundet, wie es damals unter Malern selten war».[105] Diese Aussage erhellt, wie bewußt Carus' Weg zur malerischen Landschaftsdarstellung war. Das Zukunftsziel aller Landschaftsmalerei, das zugleich sein eige-

Abb. 25: C.G. Carus: Blick aus der Fingalshöhle auf das Meer. Zeichnung, nach 1844. Die bildliche Darstellung einer ausschließlich aus Basalt und Trapp aufgebauten Höhle offenbart deutlich das ausgeprägte geologische Interesse von Carus am «Knochengerüst des Erdenleibes». Er bringt zeichnerisch die geognostischen Bildungsgesetze der ungleich großen, vielfach quergeteilten, sechskantigen Basaltsäulen sowie ihren Übergang in die Trappmasse des Deckengewölbes sehr exakt und dennoch äußerst stimmungsvoll zum Ausdruck. Zeichnerisch eindrucksvoll dargestellt ist auch der Blick aus dem an einen gotischen Dom erinnernden Höhleninneren auf das Meer und die hereintosende Brandung.

nes großes Ziel ist, beschreibt er in Anknüpfung an seine Ausführungen über Goethes Wolkengedicht mit folgenden Worten:

«Ist (...) die Seele durchdrungen von dem innern Sinne dieser verschiedenen Formen, ist ihr die Ahnung von dem geheimen göttlichen Leben der Natur hell aufgegangen, und hat die Hand die feste Darstellungsgabe sowie auch das Auge den reinen, scharfen Blick sich angebildet, ist endlich die Seele des Künstlers rein und durch und durch ein geheiligtes, freudiges Gefäß, den Lichtstrahl von oben aufzunehmen, dann werden Bilder vom Erdenleben einer neuern, höheren Art, welche den Beschauer selbst zu höherer Naturbetrachtung heraufheben und welche *mystisch, orphisch* in diesem Sinne zu nennen sind, entstehen *müssen*.»[106]

Der gemeinsame Ausgangspunkt bei Goethe, C.D. Friedrich und C.G. Carus als Landschaftszeichner und -maler ist die tiefe Liebe zur Erdennatur, die sich bei Goethe zur Andacht, bei C.D. Friedrich zur ‹Erdenfrömmigkeit› erhebt. Carus, der diese Impulse teilt, bringt es als Autodidakt in der Landschaftsmalerei zu einer hohen künstlerischen Reife, die ihn würdig neben C.D. Friedrich stellt. Zugleich vermag er in seinen «Briefen über Landschaftsmalerei» (1835) diese Impulse in die gedankliche Sphäre zu heben. Seine ständige künstlerische Tätigkeit im Zeichnen und in der Landschaftsmalerei ist aber auch von großer Bedeutung für seine Erkenntnis der Erde als Lebewesen, denn so schreibt er seine «Zwölf Briefe über das Erdleben» (1826–1841) fortwährend aus einer «verhaltenen Künstlerschaft» heraus.

Bei der zeichnerischen und malerischen Darstellung der physischen Erdnatur – des *Erdenleibes* – geht es Carus durchaus um ein genaues Erfassen ihrer «Anatomie» und «Physiognomik». So soll der Maler zum Beispiel den Zusammenhang zwischen den Gebirgsformen und der «inneren Struktur ihrer Massen» beachten.

Zu einer gründlichen Physiognomik der Gebirge würden «bildliche Darstellungen genau gezeichneter Felsen und Gebirge unerläßlich werden, und gewiß, es steht zu hoffen, daß unter den hundertfältigen Atlanten zu geographischen Werken einmal auch eine Sammlung recht tüchtig gezeichneter und mit kenntnisvollen Blicken aufgefaßter Abbildungen verschiedener Felsformationen uns vor Augen gelegt werden. Erinnere ich mich doch, daß der überall hinblickende und überall tätig sich zeigende Goethe mir im Jahre 1821 ein Portefeuille vorzeigte, in welchem er bereits (...) eine Sammlung von Zeichnungen verschiedener Gebirge und Felsarten angelegt hatte.»[107]

Abb. 26: C.G. Carus: Felsen in der Sächsischen Schweiz, mit Blick auf das Elbetal. Lavierte Bleistiftzeichnung, 1827.

Zu den Abb. 26–28: Die Zeichnungen stammen alle aus der Sächsischen Schweiz, die Carus intensiv erwandert hat. Bei der Sächsischen Schweiz (Elbsandsteingebirge) handelt es sich geologisch gesehen um eine nahezu horizontal lagernde, mächtige Sandsteintafel aus der Kreidezeit, die flächenhaft abgetragen wurde, wobei tafelartige Härtlinge über den Verebnungsflächen stehenblieben. Schließlich wurden die Flächen von der jungen Erosion der Elbe und ihrer Nebenflüsse antezedent cañonartig zerteilt, wodurch die Sandsteintafel in einzelne bizarre Türme und Nadeln aufgelöst wurde. Carus ist sich dieser geognostischen und geomorphologischen Elemente voll bewußt.[108]

Die Carus-Zeichnungen zeigen seine meisterhafte Beobachtung der gesteinsbedingten Landschaftsformen, sowohl in der Detaildarstellung einzelner Felsgruppen wie ganzer Landschaften. Bei den Felsformationen arbeitet er sehr präzise die rundliche Waben- und Blockverwitterung des Sandsteins, die senkrechten glatten Wände, die tiefen Schluchten und cañonartigen Täler heraus. Zugleich vollzieht er den Übergang vom Knochengerüst zum belebten Lebensleib der Erde durch die Einbeziehung der charakteristischen Vegetationselemente. Die Zeichnungen sind je in einer unterschiedlichen Technik ausgeführt und demonstrieren die zeichnerischen Fähigkeiten von Carus.

Abb. 27: C.G. Carus: Schlucht in der Sächsischen Schweiz. Kohlezeichnung, weiß gehöht, auf Tonpapier, undatiert (siehe auch Text auf Seite 85).

Abb. 28: C.G. Carus: Felspartie. Graphitzeichnung getuscht, undatiert (siehe auch Text auf Seite 85).

Carus selbst ist dieser Aufgabenstellung in großartiger Weise nachgekommen. Auf seinen zahlreichen Wanderungen und Reisen sind Zeichnungen und Ölbilder entstanden, in denen er sich die vielfältigen Strukturen der Gesteinsformationen künstlerisch und wissenschaftlich aneignete. In den abgebildeten Blättern (wie «Felspartie», «Schlucht in der Sächsischen Schweiz», «Blick auf das Elbtal» und «Fingalshöhle auf der Insel Staffa») versucht er zeichnerisch, die Formgesetze «geognostischer Bildung» zu erfassen und sich geistig anzueignen.[109] Ein großes Ölgemälde («Katzenköpfe bei Zittau») hat er selbst «Geognostische Landschaft» genannt und Goethe zur Ausstellung nach Weimar gesandt. In diesen Zusammenhang gehören auch seine Ölgemälde der Schweizer Gebirgslandschaften («Schweizer Landschaft», 1822, und der «Mont Anvert», 1824), in denen wissenschaftliches und künstlerisches Erfassen der gesteinsgeprägten Gebirgsphysiognomie zusammenklingen (vgl. dazu die farbigen Abbildungen solcher Carus-Gemälde in E. Meffert, 1986, S. 150-154).

Die geognostische Stufe der Landschaftsdarstellung ist bei Carus besonders deutlich ausgebildet, denn seine Landschaftsauffassung ist gegenüber derjenigen bei C.D. Friedrich deutlich «realistischer und naturwissenschaftlicher» tingiert.[110]

Vom *«Knochengerüst» des Erdenleibes*, das heißt den Steinen, Felsgruppen und Gebirgsformationen, steigt Carus auf zum malerischen Erfassen des belebten Erdenleibes, wie er sich zum Beispiel ausdrückt in dem Zusammenhang zwischen Gestein und Vegetation oder im Zusammenspiel von Erde und Erdumkreis (Atmosphäre, Licht, Luft, Wolken). Gerade in diesen Erscheinungen spiegelt sich das Lebendige. «Das Auge soll die Formen der Naturdinge nicht als ein Willkürliches, Unbestimmtes, Gesetzloses und deshalb Sinnloses, sondern als ein durch göttliches Erleben Bestimmtes, ewig Gesetzmäßiges und höchst Sinnvolles auffassen lernen.»[111]

Man betrachte unter diesem Gesichtspunkt, wie Carus und auch C.D. Friedrich den belebten Erdenleib darstellen, das heißt die Pflanzen (insbesondere die Baumgestalten), den belebten Erdumkreis in den Wolkengebilden, die Lichtverhältnisse, das Farbenspiel eines Sonnenunterganges oder den Aufgang des Mondes. Deutlich ist zu bemerken, wie sie künstlerisch den «Lebensleib» erahnen. Sie tasten nach den «Lebensäußerungen» der Landschaft, das heißt nach dem Ätherischen im Licht, in den Wolken, im Wasser und in der Vegetation. Solche Bilder nennt Carus nicht mehr Landschaftsbilder, sondern er prägt in Anlehnung an Goethe den Begriff «Erdlebenbilder». Carus begründet in seinen «Briefen über Landschaftsmalerei» diese Landschaftsauffassung, die sein Ideal der künstlerischen Darstellung der belebten Erde ausdrückt: «Es werden einst Landschaften höherer, bedeutungsvollerer Schönheit entstehen, als sie Claude Lorrain [1600–1682] und Ruysdael [1628–1682] gemalt haben, und doch werden es reine Naturbilder sein, aber es wird in ihnen die Natur, mit dem *geistigen Auge* erschaut, in höherer Wahrheit erscheinen.»[112]

Deutlich bemerkt man in diesem Zitat, daß es für Carus die idealistische Naturphilosophie ist, die die Kunst der Landschaftsmalerei im 19. Jahrhundert wieder erweckt und ihr einen höheren Sinn gibt. Carus ist sich dieses Zusammenhanges zwischen Wissenschaft, Naturphilosophie und Kunst sehr genau bewußt; so schreibt er rückblickend zu seinen «Briefen über Landschaftsmalerei», die diesen Zusammenhang erhellen: «Es trat in diesen Briefen eine eigentümliche Vermählung von Wissenschaft und Kunst hervor (...) Das, was um jene Zeit Schelling durch den Begriff der ‹*Weltseele*› auszusprechen suchte, es war recht eigentlich der Kardinalpunkt, um welchen sich diese Gedankenzüge bewegten. Erst wenn man in der zweiten, großen Natur der Oberfläche des Planeten das *lebendige geistige Prinzip* erkannt oder mindestens geahnt hat, bekommt ja alle Szenerie der Landschaft einen höhern und mächtigern Sinn; erst von da aus verstehen und empfinden wir das geistige Band, welches die Regungen und Umgestaltungen des äußern Naturlebens an die Gefühlsschwankungen unsers Innern mit dieser geheimen Gewalt fesselt ...»[113]

Carus ist in seiner Ideenbildung stark von Schellings Naturphilosophie beeinflußt worden. Er schreibt über Schelling: «Das, was ich immer als die eigentliche Mission dieses Begründers der Naturphilosophie hatte denken müssen, [war] die Lehre von dem *organischen* Zusammenhange des Ganzen, wie sie sich in seinem Begriffe der *Weltseele* ausdrückt»[114] und an anderer Stelle: «Schelling (...) in seiner tiefsinnigen Naturphilosophie (...) erweckte in mir den bestimmten Gedanken einer *Weltseele* und gab mir darin den Leitfaden, ein höchstes Göttliches – geistig die Materie, oder wie ich es später genannt habe, den Äther, fortwährend Bestimmendes und Gestaltendes – im Geiste allmählich deutlicher aufzufinden.»[115] Carus bekennt, daß ihn wohl nie die Naturwissenschaft so sehr gefesselt hätte, wenn diese nicht von großen naturphilosophischen Ideen durchdrungen worden wäre; insbesondere aber war es für ihn impulsierend, daß der «Gedanke von der Weltseele durch

Schellings damals groß und lichtvoll hervortretenden Geist wieder in die Wissenschaft eindrang.»[116] Und er gesteht: «Ich durfte nicht mehr nur den Leib der Schöpfung lieben, ich hatte ihre *Seele* erkannt und fand mich von ihr begeistert.»[117]

Weist der *Begriff der Weltseele* bei Schelling – sehr allgemein verstanden als das geistige Prinzip in der Natur – zurück auf den göttlichen Geist als Uridee der Schöpfung, so wird der *Begriff der Seele* bei Carus sehr viel präziser gefaßt und bis hinein in seine «Einleibung» in die physische Welt betrachtet. Carus hat sich wie kein zweiter Denker und Forscher seiner Zeit (und darin auch weit über Goethe hinausgehend) mit der Entwicklung der Seele in der Evolution beschäftigt.

Daher wird die Idee der Weltseele im Hinblick auf die Erde bei Carus sehr viel deutlicher als bei Schelling.[118] Carus ist in seinen «Briefen über Landschaftsmalerei» und den späteren «Zwölf Briefen über das Erdleben» unausgesprochen auf der *Suche nach der Erdenseele.* So wie sich in jedem höheren Organismus eine Seele einlebt, so muß auch die Erde eine Seele haben. Carus sucht in allen Lebensbewegungen des Organismus Erde tastend die Fußspur der Erdenseele zu finden.[119] Diese aber bedarf des wahrnehmenden und erkennenden Menschen, um in Erscheinung treten zu können.[120]

Diese Idee der Erdseele bleibt auch bei ihm notgedrungen eine Ahnung und kann noch nicht in eine klare Begrifflichkeit gebracht werden. Am ehesten nähert sich Carus dieser Idee auf dem künstlerischen Gebiet der Landschaftsmalerei, der Landschaftszeichnungen und der Landschaftsschilderungen.

SEELENLEHRE («PSYCHE») – SCHICKSALSUNTERGRÜNDE – REINKARNATIONSGEDANKE

An dieser Stelle muß noch auf eine weitere Komponente der Natur- und Landschaftsanschauung bei Carus hingewiesen werden, die mit einem biographischen Schlüsselerlebnis zusammenhängt.

Dieses ganz zentrale geistig-seelische Erlebnis des vierundvierzigjährigen Carus (1833) ist nur zu verstehen, wenn man weiß, daß für ihn – wie für Goethe – der Gedanke der wiederholten Erdenleben, der Reinkarnation, eine selbstverständliche Überzeugung ist. Er hat diesen Gedanken völlig eigenständig aus mitteleuropäischem Geist entwickelt und niedergelegt im letzten Kapitel seines Hauptwerkes «Psyche» (1846) unter dem Titel: «Von dem, was im Unbewußten und Bewußten der Seele vergänglich und was darin ewig ist.» Dort heißt es:

«Schon was wir früher erkannt haben von der Ewigkeit jeder, nicht nur eine Seele schlechthin, sondern jede einzelne Persönlichkeit ihrem Wesen nach bedingenden Idee macht es begreiflich, daß eine solche, eben ihrer Ewigkeit nach, nicht nur allein in einem einzigen menschlichen Dasein sich darleben könne, sondern daß sie für eine unendliche Reihe von Daseinsformen bestimmt sein müsse. Die ältesten Anschauungen der Menschheit haben daher auch immer etwas von dieser Erkenntnis empfangen und in mannigfaltigen, oft seltsamen Symbolen und Gleichnissen wiedergegeben; immer aber sind es die altindischen Lehren von der unendlichen Durchbildung der Seele durch unendliche Daseinsformen, welche in dieser Beziehung (...) die Wahrheit im durchsichtigsten Gewande gezeigt haben; und es ist nicht zu sagen, wieviel stoffartiger schon die Lehren griechischer Philosophen sich gestalten, welche die Ewigkeit der zur Möglichkeit des Bewußtseins bestimmten Ideen in dem Gedanken einer sogenannten Seelenwanderung anschaulich zu machen versuchten ...»[121]

Im weiteren Verlauf des Kapitels schwingt sich Carus – wenngleich in vorsichtig abwägenden und philosophisch verschlüsselten Formulierungen – zur hellen Klarheit des Reinkarnationsgedankens auf. Er sagt:

«Welches schönere und welches bedeutendere Ergebnis kann (...) der menschliche Geist, in die Tiefe seines eignen Wesens schauend, sich er-

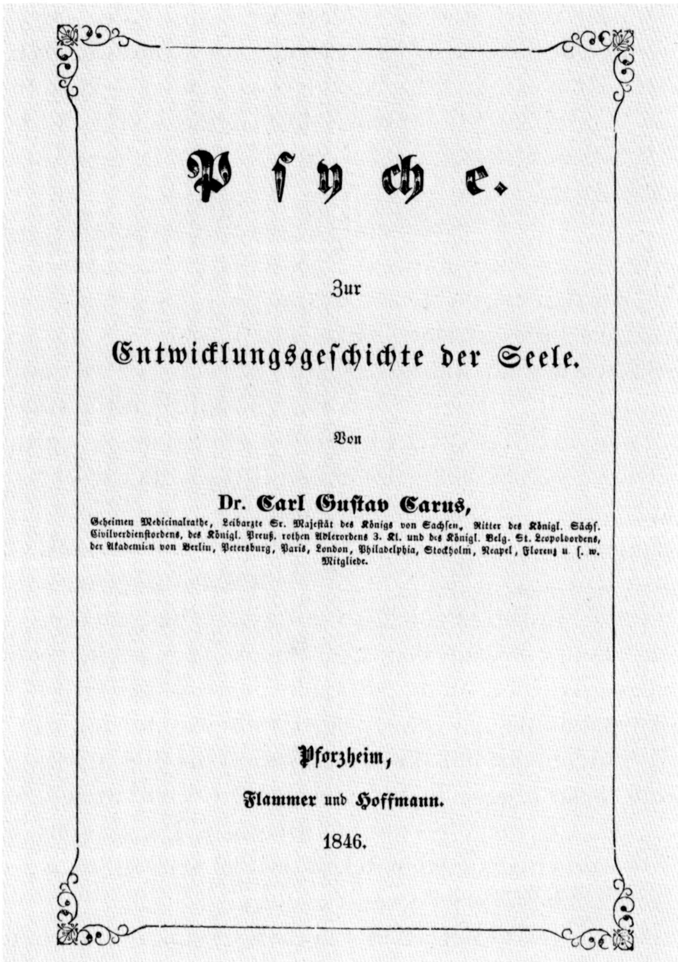

Psyche.

Zur

Entwicklungsgeschichte der Seele.

Von

Dr. Carl Gustav Carus,

Geheimen Medicinalrathe, Leibarzte Sr. Majestät des Königs von Sachsen, Ritter des Königl. Sächs. Civilverdienstordens, des Königl. Preuß. rothen Adlerordens 3. Kl. und des Königl. Belg. St. Leopoldordens, der Akademien von Berlin, Petersburg, Paris, London, Philadelphia, Stockholm, Neapel, Florenz u. s. w. Mitgliede.

Pforzheim,

Flammer und Hoffmann.

1846.

Abb. 29: Titelblatt zu C.G. Carus: «Psyche – Zur Entwicklungsgeschichte der Seele», 1846. Das Buch ist hervorgegangen aus den Privatvorlesungen über Psychologie im Winter 1829/30 in Dresden. Carus hat dieses Werk, in das manche Gedanken von Ida von Lüttichau mit eingeflossen sind, stets als sein eigentliches Hauptwerk betrachtet. Er schreibt: Dieses Werk «… indem es unter den eigentümlichsten Konstellationen und unter der gedachten eigen schönen Wechselwirkung entstanden war, [durfte] ich wohl in vieler Hinsicht als das mein Wesen ganz besonders bezeichnende und somit als am entschiedensten mein eigen und mir zugehörend betrachten.»[122] Die Einleitung beginnt mit dem klassischen Satz: «Der Schlüssel zur Erkenntnis vom Wesen des bewußten Seelenlebens liegt in der Region des Unbewußtseins.» Von daher hat Ludwig Klages das Buch als den Ursprung der neueren Psychologie und psychosomatischen Medizin bezeichnet. Durch den darin in völliger gedanklicher Eigenständigkeit ausgesprochenen Reinkarnationsgedanken ist es aber mehr: es ist eine umfassende Geist- und Seelenlehre der ewigen menschlichen Entelechie.

ringen, als daß ihm hell und unwiderlegbar aufgehe die Gewißheit der Ewigkeit und Göttlichkeit seines innersten Seins und daß ihm, innerhalb dieses zeitlichen Zum-Bewußtsein-Gelangens, vollkommen klar werde die Möglichkeit einer unendlichen Entwicklung durch immer neues Auftauchen eines eigentümlichen [individuellen] Bewußtseins aus dem immer wieder im allgemeinen sich versenkenden Unbewußtsein! Gewiß! Bei dieser Überzeugung ist es dem Menschen in reichstem Maße gegönnt, (...) ebenso auf die Zukunft eines Lebens hinzuleben, wie wir abends dahinleben auf die Zukunft eines folgenden Tages. Dasselbe Urbild wird immer neue Abbilder, und zwar als Physis und Psyche zugleich, bedingen, und ist die Idee gereifter, so wird es auch den Abbildern an größerer Vollendung nicht fehlen (...) Nichtsdestoweniger ist es aber klar, daß das göttliche Urbild einer Seele in diesem seinen unbewußten An-sich-Sein nach einem schön vollendeten menschlichen Leben ein anderes und höheres sein müsse, als es vor diesem Sich-Darleben war, und daß dasselbe, sobald es abermals neu in irgend besonderer Lebensform sich offenbart, nun auch unfehlbar in höherem Sinne sich offenbaren werde, als es in jener vorhergehenden menschlichen Existenz sich beurkunden konnte und umgekehrt (...) Es ist ferner deutlich, daß das, was die Sagen der Völker in den verschiedenen Gestaltungen als ‹Auferstehung zu neuem Leben nach dem Tode› bezeichneten, sonach ganz unleugbar nur die symbolische Darstellung ist der neuen Offenbarung einer Idee in irgendeinem neuen Leben nach ‹wieder erstandenem Fleisch› – als Physis – und nach ‹wieder erwachtem Geist› – als Psyche –, und zwar immer wieder hervorgehend aus dem Zustande reinen An-sich-Seins.»[123]

Man muß das letzte Kapitel des Buches «Psyche» (1846) von Carus als eine der bedeutendsten schriftlichen Belegstellen für das spontane Auftauchen des Reinkarnationsgedankens aus rein mitteleuropäischer Geistigkeit im 18./19. Jahrhundert bezeichnen. Carus entwickelt hier den Gedanken der wiederholten Erdenleben als Ergebnis der Gedankengänge seines Buches mit ebenso großer innerer Konsequenz wie Lessing in seiner bekannten letzten Schrift: «Die Erziehung des Menschengeschlechts» (1780). Leider ist diese Geistestat von den damaligen Zeitgenossen kaum wahrgenommen worden. Carus hat den Gedanken der Reinkarnation als einer spirituellen Realität keineswegs bloß spekulativ formuliert. Sicherlich kannte er die Zeugnisse dieses Gedankens im mitteleuropäischen Geistesleben (zum Beispiel Lessing) oder die mündlich ausgesprochenen Überzeugungen mancher Zeitgenossen

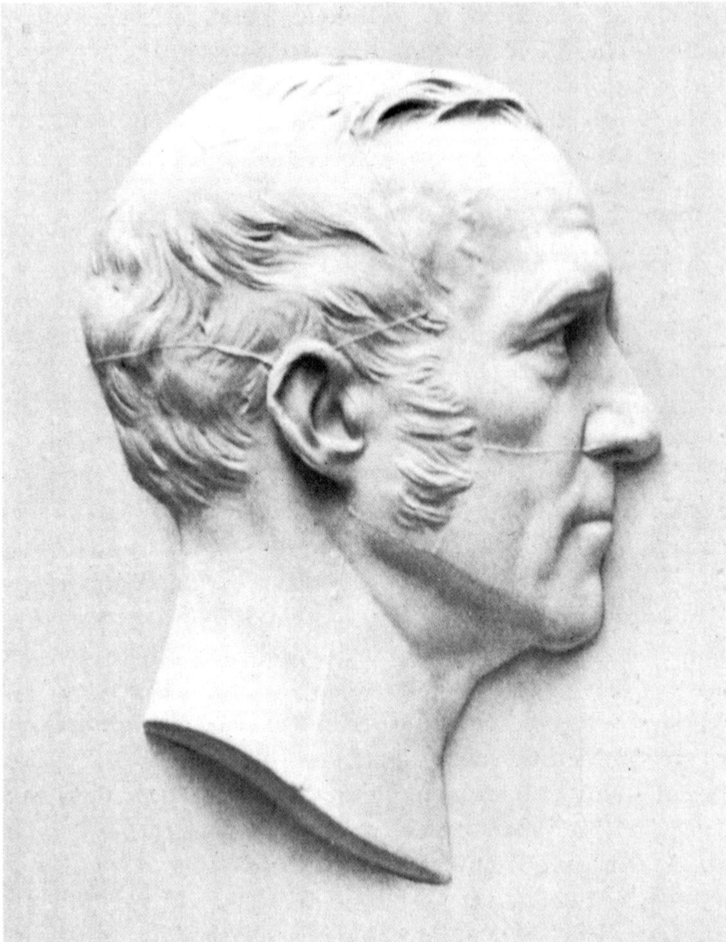

Abb. 30: Ernst Rietschel, Reliefprofil von C.G. Carus im Jahre 1846 (im Alter von siebenundfünfzig Jahren). Der bedeutende Bildhauer und Schwiegersohn von Carus hat das wohl ausdrucksvollste und physiognomisch getreueste Profilbild von Carus geschaffen. Das ist auch die Auffassung von diesem selbst. Er schreibt dazu: «Die ‹Psyche›, über deren Herausgabe ich nun verfügt habe, wurde jetzt noch einmal für mich abgeschrieben, vieles dann nochmals durchgesprochen, und da Rietschel sich eben auch noch einmal an meinem Kopf versuchte, und zwar in einem lebensgroßen Medaillon, jedenfalls das ähnlichste Bild von mir gegeben hatte, so sollte der Stich einer verkleinerten Kopie desselben den Titel dieses Werkes zieren.»[124] Carus steht im Jahr des Erscheinens seines Hauptwerkes «Psyche» auf dem Höhepunkt seines Schaffens.

(zum Beispiel Goethe, Schiller). Vor allem aber ist er immer wieder als Arzt mit der Frage des Todes konfrontiert worden: auf dem Schlachtfeld, im Militärlazarett, in der Klinik, in der eigenen Praxis und dann im persönlichsten Umkreis; fünf seiner Kinder starben trotz seiner Hilfe im frühesten Kindesalter, vier seiner groß gewordenen Kinder und seine Frau gingen vor ihm von dieser Erde, tiefe seelische Erschütterungen in Carus auslösend. So wurde ihm wie bei Schelling (siehe «Clara oder Über die Unsterblichkeit») der Tod nahestehender Menschen ein Helfer bei der Fassung des Gedankens der Unsterblichkeit der Seele, und darüber hinaus auch der Reinkarnation des menschlichen Geistes als ewiger Entelechie.[125]

Auf diesem Hintergrund kann ein zentrales Seelenerlebnis von Carus betrachtet werden, das er am 20. Juni 1833, von einer Reise aus Böhmen (Marienbad) kommend, bei der Rückkehr nach Dresden hat. Die Beschreibung dieses Erlebnisses fällt in seiner Autobiographie schon im Stil so völlig heraus, daß sie immer wieder zitiert worden ist, obgleich meist nur im Hinblick auf die *Metamorphosen-Idee.*

Die Passage lautet:

«Am 20. Juni kehrte ich dann wieder nach Dresden zurück. Seltsam unvergeßlich war mir indes der Morgen dieser Fahrt des letzten Tages! *Gibt es doch so eigene halb prophetische, halb träumerisch-hellsehende Stimmungen,* die den Menschen in einzelnen stillen Augenblicken heimsuchen und dann mehr oder weniger klar für immer ein gewisses phosphorisches Leuchten in der Seele zurücklassen. Dieser Morgen war ein solcher! Es war auf dem Wege hinter Annaberg, da, wo die schön begrünten Hügel von Wolkenstein sich erheben, als mich die sonderbarste Regung befiel! Wie ich so ruhig in schöner Morgensonne auf die blühenden Wiesenblumen und schwärmenden Insekten blickte, so klar den Gesang der Vögel und das Rauschen der Luft in den jungen Blättern vernahm, da kam es mir vor, *als sei jetzt mit einem Male die Natur mir ganz durchsichtig geworden, ich dachte der Geheimnisse der Metamorphose der Pflanzen und ihrer Spiraltendenz;* die bewundernswerte, nie ganz zu ergründende Eigentümlichkeit ihrer inneren Struktur *und all ihre wunderbaren Zahlenverhältnisse traten mir vor das Bewußtsein;* die bedeutungsvollen Bildungsverhältnisse ihrer Blätter und Blüten, die unzähligen merkwürdigen Organisationen der von ihnen genährten Insekten, die feinen Gebilde, welche das Luftleben und die Stimme der Vögel bedingen. *Alles vereinigte sich zu einem heiligen Chor der Gedanken, welche diesen einzigen, in das Gewand der Schönheit gekleideten Moment des auf dem Ein-*

klang göttlicher Ideen gegründeten Naturlebens, gleichsam nur durch einen Akt geistigen Hellsehens mit solcher Klarheit aufzufassen vermochten. Es war ein eigentümlicher, durchaus seliger Zustand! Kurz – wie alles höhere Glück dieses Daseins.»[126]

Die Erfahrung des «geistigen Hindurchsehens», die Carus beschreibt, wird auch vom ersten Erweckungserlebnis Jakob Böhmes im Jahre 1600 durch dessen Biographen Abraham von Frankenberg berichtet: Jakob Böhme wird «im 25. Jahr seines Alters zum andernmal vom göttlichen Licht ergriffen und mit seinem gestirnten Seelengeist (...) zu dem innersten Grunde oder Centro der geheimen Natur geführet. Da er (...) um solche vermeintliche Phantasie aus dem Gemüte zu schlagen, zu Görlitz vor dem Neißetore (...) ins Grüne gegangen und doch nichtsdestoweniger solchen empfangenen Blick je länger, je mehr und klarer empfunden, also daß er vermittels der angebildeten Signaturen (...) allen Geschöpfen gleichsam in das Herz und die innerste Natur [hat] hineinsehen können ...»[127]

Die Parallelität der Erlebnisse ist außerordentlich sprechend. Während der «geistige Blick» bei Böhme als älterem Mystiker im «Ahnen» wirkt, ist das Erlebnis des «Durchsichtigwerdens der Natur» durch Hellsicht bei C.G. Carus wie eine höhere Erkenntnisstufe, die dann in seiner goetheanistischen Beschäftigung mit der Natur als intuitive Gedankenkraft weiterwirkt.

Frank Teichmann geht in seiner Interpretation des übersinnlichen Erlebnisses von Carus (1989) ebenfalls über die Deutung als quasi sinnliche Wahrnehmung der Metamorphosenidee hinaus, indem er in dieser Passage mehr sieht, nämlich den Beleg für einen bei Carus erreichten Zwischenzustand zwischen der rein sinnlichen und einer schon sicher entwickelten «imaginativen Erlebnisform», als höherer, übersinnlicher Erkenntnisstufe. Er schreibt: «Es ist leicht verständlich, daß dieser bedeutende ‹Akt geistigen Hellsehens› im Lebensgang von Carl Gustav Carus ‹ein gewisses phosphorisches Leuchten› zurückließ. Immer wieder kommt er darauf zurück, vor allem dann, wenn sein organisches Weltbild zu begründen ist. Sein Wissen von einem dem Kosmos zugrunde liegenden, übersinnlichen Äther, dessen Wirkung sich überall als Leben zeigt, und seine konkreten Erfahrungen im Umgang mit lebendigen Organismen und deren Zusammenhang mit dem Makrokosmos urständen in seinen gedankendurchdrungenen Licht-Erfahrungen (...) Das ‹Sich-eins-Fühlen mit dem ganzen Weltenall› ist (...) das wesentliche Ergebnis dieses lichtvollen clairvoyanten Zustandes. Carl

Abb. 31: Photographie von Carus aus der Zeit um 1852/55. Es handelt sich um die erste und zugleich sehr gute Photographie, die von Carus bekannt ist. Von ihr her erhellt sich auch die physiognomische Treue zum Beispiel des Reliefprofils von Ernst Rietschel oder des Ölgemäldes von Julius Hübner. Die Aufnahme ist etwa um das Jahr der Publizierung des Essays «Gelegentliche Betrachtungen über den Charakter des gegenwärtigen Standes der Naturwissenschaften» (1854) entstanden. Das Bild zeigt Carus, obwohl bereits im fortgeschrittenen Alter stehend, als außerordentlich wachen und jugendlich wirkenden Mann. Die Gesichtszüge wirken ebenmäßig und frisch, das Profil ist scharf geschnitten. Die Physiognomie läßt auf eine harmonische Ausbildung der drei seelischen Grundkräfte von Denken, Fühlen und Wollen schließen.

Gustav Carus hat diesen Leuchtezustand, der auf dem Wege zur vollentwickelten imaginativen Erkenntnis wie ein Geschenk der höheren Welten auftreten kann, sicherlich mehrfach in seinem Leben erfahren. Er war ihm der Kraftquell seines tieferen geistigen Lebens.»[128]

Es gibt eine noch weiter gehende Interpretation.

Ihre volle Tiefe erhält das Erlebnis von Carus erst, wenn man sie auf dem Hintergrund des Reinkarnationsgedankens als eine Art Rückschau in ein früheres Erdenleben betrachtet. Das von Carus beschriebene momentane «Erleuchtungserlebnis», durch welches ihm in einer Art geistiger «Hellsicht» die Natur «durchsichtig» wird, erscheint dann wie eine Erinnerung an eine frühere «Einweihung» in die Geheimnisse der Natur. Es ist das Verdienst von Karl Boegner, in diesem Sinne darauf hingedeutet zu haben. Er sieht diese Stelle «als spontane Rückerinnerung, als eine wieder ins Bewußtsein gekommene Natur-Einweihung aus einer früheren Inkarnation».[129]

In diesem Sinne ist die Stelle freilich nur ganz zart andeutend, aber doch äußerst sprechend. Carus ist wie Goethe in esoterischen Dingen ein außerordentlich großer Schweiger, der nicht gerne in das «innere Bürglein der Seele» schauen läßt. Aber die gedankliche Hypothese, daß wir in Carus möglicherweise eine in einem früheren Leben eingeweihte Persönlichkeit zu sehen haben, würde in bezug auf die Naturforschung seine instinktive Sicherheit, seine universale Vielseitigkeit und seine harmonische Gesamtschau erhellen. Es wären dies dann die Früchte eines früheren Erdenlebens. Eine *frühere* mögliche Eingeweihten-Inkarnation konnte sich in einem fester gewordenen Erdenleib im 19. Jahrhundert, als dem Jahrhundert des Materialismus, nicht wiederholen.[130]

Und doch wirkt in der Regel ein früheres Einweihungserlebnis in gedanklicher Form, im Kleide der «Bewußtseinsseele» – dem Bewußtseinszustand der Menschheit seit dem Beginn der Neuzeit – nach. Dafür wäre die zitierte Stelle ein durchaus transparenter Ausdruck. Zugleich läßt sie – folgt man der genannten gedanklichen Hypothese – erahnen, in welcher Richtung die mögliche einstige Einweihung gelegen hat: Carus spricht ganz deutlich von einer «Hellsichtigkeit» in bezug auf die innersten Naturzusammenhänge, von einem Durchschauen ihrer innersten Triebkräfte. Das aber ist die Strömung, die von Ephesus ausgeht und mit der Göttin Artemis/Persephone/Natura zusammenhängt. Es wäre also eine Einweihung in die Naturmysterien gewesen. Sucht man nach einem literarisch gesicherten Beispiel für eine solche Natureinweihung, so stößt man im hohen Mittelalter in Italien auf Brunetto Latini (um 1220 bis 1294), den Lehrer und Inspirator Dantes; eine Gestalt, die Carus durch seine Beschäftigung mit Dante wohl vertraut ist. Die Einweihung Brunetto Latinis in die Mysterien der Naturgöttin Persephone/Natura wurde ausgelöst durch ein übergroßes Schmerzerlebnis, nämlich durch die Nachricht von seiner Verbannung aus seiner Vaterstadt Florenz.[131] Durch seine Einweihung kann Brunetto Latini Dante zu seiner großartigen Geistesschau der «Divina Commedia» inspirieren. Durch eine Rückbeziehung der Persönlichkeit von C.G. Carus zu den Mysterien der Artemis/Persephone/Natura würde auch seine tiefe innere Verbindung mit Goethe eine Erhellung erfahren, denn Goethes geradezu religiöse Verehrung der Natur als Göttin führt unmittelbar zurück zur Verehrung der Göttin Artemis in der griechischen Mysterienstätte von Ephesus[132], zu deren Geist sich Goethe mit den Worten bekennt: «Ich bin nun einmal einer der ephesischen Goldschmiede, der sein ganzes Leben im Anschauen und Anstaunen und Verehrung des wunderwürdigen Tempels der Göttin und in Nachbildung ihrer geheimnisvollen Gestalten zugebracht hat.»[133]

In der gemeinsamen Verehrung der Geheimnisse der Artemis/Natura liegen wohl die tieferen Geisteswurzeln für die seelisch-geistige Verbundenheit von Goethe und Carus, die keines ausgedehnten persönlichen Umgangs für die Herstellung der geistigen Gemeinsamkeit mehr bedurfte.[134] Vor allem aber wäre von dieser Vergangenheit her ihr inneres Ringen um die zentrale Idee der «Metamorphose» zu verstehen, denn der Metamorphose-Gedanke gehört der Mysterienströmung von Ephesus an, wie dies unbewußt Thorwaldsens Titelkupfer auf dem Widmungsblatt Alexander von Humboldts für Goethe zum Ausdruck bringt.

Abb. 32: Widmungsblatt Alexander von Humboldts an Goethe, 1807. Der Genius der Poesie (Apollo) enthüllt das verschleierte Bild der Natur, dargestellt in Form der Tempelstatue der Göttin Artemis von Ephesus. Auf einer Steintafel, niedergelegt zu Füßen der Göttin Artemis, stehen eingraviert die Worte: «Metamorphose der Pflanzen». Unter dem Blatt die Widmungsworte «An Göthe». Titel-Kupferstich zu Alexander von Humboldts botanischem Hauptwerk «Ideen zu einer Geographie der Pflanzen nebst einem Naturgemälde der Tropenländer», Tübingen 1807 (Cotta). Gestochen nach einer Zeichnung von Bertel Thorwaldsen (1768–1844), dem in Rom lebenden dänischen Bildhauer des strengen Klassizismus, mit dem Carus freundschaftlich verbunden ist (gegenseitige Besuche in Rom und Dresden). Wie keine andere Darstellung bringt dieses Widmungsblatt unbewußt die tiefe Verwandtschaft der Metamorphosenlehre Goethes (und seines Nachfolgers Carus) mit den Natur-Mysterien von Ephesus zum Ausdruck.

Gegen die Jahrhundertmitte wird es um den Naturforscher und Goetheanisten Carus langsam einsamer: Goethe weilt nicht mehr auf Erden († 1832), C.D. Friedrich ist 1840, verarmt und fast schon vergessen, gestorben; der Zeitgeist wandelt sich immer deutlicher im Weiterschreiten von der Klassik und Romantik zur positivistischen Naturwissenschaft.

Als Carus 1854 seinen vermächtnishaften Essay «Gelegentliche Betrachtungen über den Charakter des gegenwärtigen Standes der Naturwissenschaft» veröffentlicht, scheint er wie eine Art Mahnruf in eine anders geartete Zeitgeistigkeit hineingesprochen. Und als er einige Jahre später als ein Fazit seiner naturwissenschaftlichen und naturphilosophischen Bemühungen die beiden zusammenfassenden erkenntniswissenschaftlichen Hauptwerke «Organon der Erkenntnis der Natur und des Geistes» (1856)[135] und «Natur und Idee oder das Werden und sein Gesetz» (1861) herausbringt, da hat der Zeitgeist sich vollends gewandelt. 1859, in dem Jahr, als Carus mit dem Aufsatz «Über Begriff und Vorgang des Entstehens» den Entwicklungsgedanken nicht nur als Grundgesetz der Natur, sondern auch des Geistes beschreibt, erscheint Darwins Buch «Über den Ursprung der Arten». In ihm wird der Entwicklungs- oder Evolutionsgedanke ausschließlich auf physisch-sinnliche Weise gedacht und angewendet. Mit Macht bricht damit die rein positivistisch-materialistisch ausgerichtete Naturforschung herein und fegt alle anderen Ansätze hinweg. 1859 ist symptomatischerweise zugleich das Todesjahr von Alexander von Humboldt und von Carl Ritter.

Das Unverständnis der Zeit betrifft aber nicht nur die naturwissenschaftlichen und naturphilosophischen Anschauungen von Carus, sondern auch ein weiteres wissenschaftliches Forschungsgebiet: sein ausgeprägtes Interesse an der Entwicklung des Seelischen im Menschen und im Tierreich. Dieses Interesse hatte bereits mit seinen im intimen Rahmen im Winter 1829/30 in Dresden gehaltenen Privatvorlesungen über Psychologie begonnen, hatte seinen Höhepunkt mit seinem Hauptwerk «Psyche – Zur Entwicklungsgeschichte der Seele» (1846) erreicht, war in der Goethe-Denkschrift auf die ganze Menschheit ausgeweitet worden («Über ungleiche Befähigung der verschiedenen

Natur und Idee

oder

das Werdende und sein Gesetz.

Eine

philosophische Grundlage für die specielle Naturwissenschaft,

von

Dr. Carl Gustav Carus,

Geheimer Medic.-Rath, Leibarzt Sr. Majestät des Königs von Sachsen, Comthur I. Classe des Sächs. Verdienstordens, Officier und Ritter mehrerer ausländischen Orden, Mitglied deutscher, belgischer, englischer, schwedischer, russischer, amerikanischer und anderer Akademien und gelehrten Gesellschaften, sowie correspondirendes Mitglied des Institut Imperial de France.

Mit einer lithographirten Tafel.

Wien, 1861.
Wilhelm Braumüller
k. k. Hofbuchhändler.

Abb. 33: Titelblatt zu C.G. Carus: «Natur und Idee», 1861. Das naturphilosophische Hauptwerk von Carus faßt seine philosophischen Gedanken in bezug auf die Natur zusammen. Es entfaltet die Methodik des genetischen Denkens im Bereich des Lebendigen und überträgt die Idee des Organismus auch auf die Erde. So spricht Carus in diesem Werk geradezu von Lebensbewegungen des Erdorganismus.

Menschheitsstämme für höhere geistige Entwicklung», 1849) und konzentrierte sich in dem großen Handbuch zur Menschenerkenntnis: «Die Symbolik der menschlichen Gestalt» (1853, 2. erw. Auflage 1858), ganz auf den Wunderbau des menschlichen Körpers. In seinem Alterswerk «Vergleichende Psychologie der Geschichte der Seele in der Reihenfolge der Tierwelt» (1866) spürt Carus, nun bereits im Zeitalter des Darwinismus lebend, u. a. den entscheidenden – vom Darwinismus zunehmend verwischten – seelisch-geistigen Unterschieden zwischen Mensch und Tierwelt nach.

Wie unbeachtet und in seiner Zeit vergessen (bis zum Anfang des 20. Jahrhunderts) die großartigen Schriften von Carus waren, macht Rudolf Steiner im Jahre 1916 deutlich.[136] Er zitiert eine lange Passage aus der «Vergleichenden Psychologie …» (1866, S. 231), in der Carus die sogenannten Intelligenzleistungen von Tieren, die dem menschlichen Denken nahe zu kommen scheinen, bereits als raffinierte Dressur durchschaut; ein Umstand, den die Verhaltensforschung erst Anfang des 20. Jahrhunderts wieder entdeckt hat. Dies ist – wie Steiner sagt – ein Beispiel nicht für das Vorrücken der Wissenschaft, sondern für das Vorrücken der menschlichen Ignoranz. Es ist aber auch ein Beispiel dafür, wie der vom materialistischen Darwinismus geprägte «Wissenschaftsgeist» die geistigen Impulse des Goetheanismus, zum Beispiel eines Carus und anderer, zugeschüttet hat.

Dennoch pflegt Carus mit Gelassenheit und Geisteszuversicht seine goetheanistische Form der Naturerkenntnis, und er läßt an einer Stelle Goethe sozusagen für sich sprechen, wenn er sagt: «Gewinnt auch in der Wissenschaft das Falsche die Oberhand, so wird doch immer eine Minorität für das Wahre übrigbleiben, und wenn sie sich in einen einzigen Geist zurückzöge, so hätte das nichts zu sagen. Er wird im Stillen, im Verborgenen fortwaltend wirken, und eine andere Zeit wird kommen, wo man nach ihm und seinen Überzeugungen fragt oder wo diese sich bei verbreitetem allgemeinen Licht auch wieder hervorwagen dürfen.»[137]

So wirkt Carus nach außen weiter, und es werden ihm als Frucht seiner Lebensleistung hohe Ehrungen von insgesamt siebzehn Akademien des In- und Auslandes zuteil. Wie eine Art Krönung ist es, daß er gegen Lebensende sein Gesamtwerk zumindest in kleinen Fachkreisen inhaltlich anerkannt sieht. Äußerer Ausdruck ist 1862 die Wahl zum Präsidenten der altehrwürdigen (1652 gegründeten) «Kaiserlich Leopoldinisch-Carolinischen Deutschen Akademie der Naturforscher» in Halle,

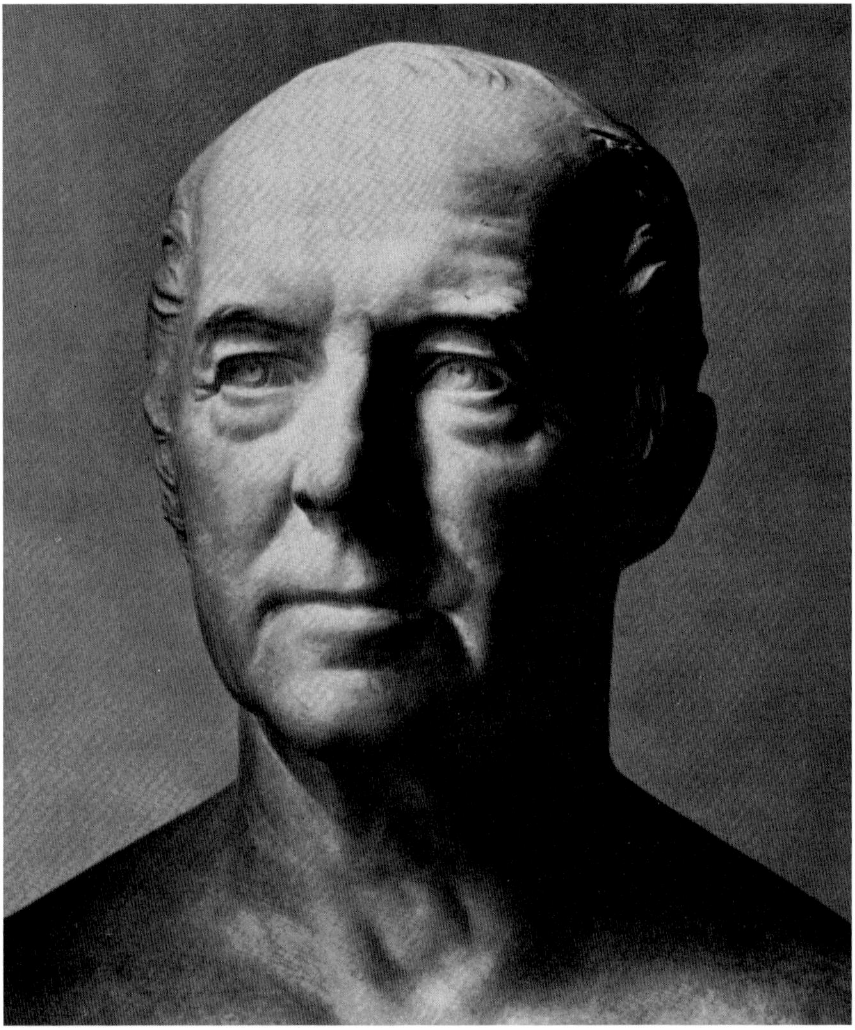

Abb. 34: Ernst Rietschel, Marmorbüste von Carus (1860, im Alter von einundsiebzig Jahren). Carus ist von Ernst Rietschel bereits im Jahre 1836 (dem Jahr der Hochzeit Ernst Rietschels mit Charlotte Carus) plastisch dargestellt worden, und zwar in dem Relief «Die Humanisten und die Erfindung der Buchdruckerkunst». Das abgebildete Werk ist ein Jahr vor Rietschels Tod entstanden, dem Carus ein väterlicher Freund geblieben war. Er schreibt: «Eine seiner letzten Nebenarbeiten [ist] wieder meine, im Frühjahr 1860 vollendete Büste gewesen (...) Sie wurde natürlich weit trefflicher als die erste; das Original aber hatte freilich indes auch weit tiefere Falten bekommen als im Jahre 1836.»[138] Die Büste zeigt Carus im letzten Lebensjahrzehnt (nach dem Tod seiner Frau) und gehört sicherlich zu den physiognomisch getreuesten Darstellungen von Carus. Sie ist weit getreuer als etwa die Kolossalbüste in Marmor von David d'Angers.

deren Mitglied er wie Goethe ab 1818 ist. Zu seinem fünfzigsten Professorenjubiläum (1864) wird die «Carus-Stiftung» bei der «Leopoldina» gegründet und eine Carus-Medaille gestiftet, die noch heute verliehen wird. Erst 1867, nach fast sechzigjährigem ärztlichem Wirken, gibt er seine Praxis auf. Noch 1868 wird er Ehrenpräsident der 42. Versammlung der von ihm 1822 mitbegründeten «Gesellschaft deutscher Naturforscher und Ärzte» in Dresden. Seine Grußworte sind wie ein humanistisches Vermächtnis gegen die Flut der rein positivistisch-materialistischen Naturwissenschaft der Zeit.

Schon im Jahre 1846 hat Carus mit der Niederschrift seiner Lebenserinnerungen und Denkwürdigkeiten begonnen, zunächst in Form einer autobiographischen Skizze in dem Buch «Mnemosyne» (1848), dann als Autobiographie: «Lebenserinnerungen und Denkwürdigkeiten» (1865/66).[139]

Recht einsam ist das äußere Lebensende von Carus. Nachdem drei seiner erwachsenen Kinder und 1859 auch seine Frau ihm im Tod vorangeschritten sind, entreißt ihm das Schicksal am 12. Januar 1868 seine Lieblingstochter und Stütze seines Alters: Marianne. Bewundernswert, wie Carus auch diesen letzten Schicksalsschlag trägt, ganz im Sinne der Goethe-Worte: «Es ist der Mühe wert, lange zu leben und die mancher-

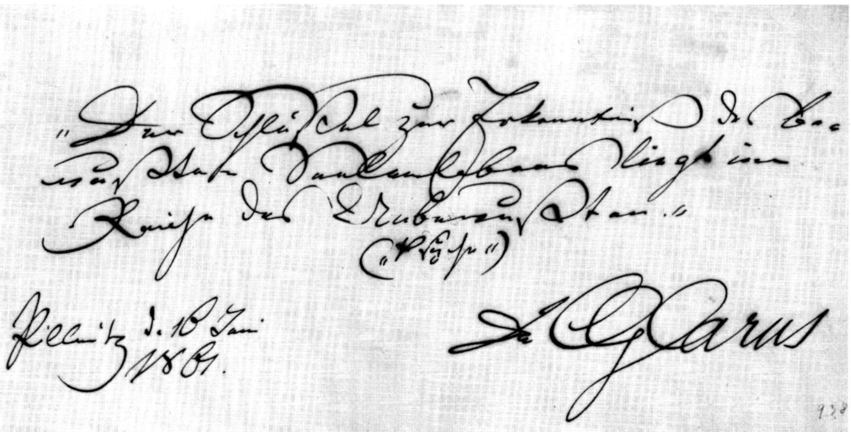

Abb. 35: Die Handschrift von Carus. Albumblatt, geschrieben am 16. Juni 1861 in Pillnitz. «Der Schlüssel zur Erkenntnis des bewußten Seelenlebens liegt im Reiche des Unbewußten» («Psyche»). Es handelt sich im Inhaltlichen um das Hauptmotto seines Buches «Psyche» (1846), wenngleich die Worte des Albumblattes von dem klassischen Einleitungssatz des Buches in freier Weise abweichen.

Abb. 36: Photographie von F. und O. Brockmann: Carus im Jahre 1861 (im Alter von zweiundsiebzig Jahren). Das Foto zeigt den alternden Carus als würdige und souveräne Persönlichkeit. Es ist das Jahr der Feier seines fünfzigjährigen Doktorjubiläums. Aber immer noch ist Carus unermüdlich praktizierend als Arzt tätig, und auch seine geistige Schöpferkraft ist ungebrochen, wie das Erscheinen seines naturphilosophischen Hauptwerkes «Natur und Idee» (1861) und sein Schriftenverzeichnis zeigen. Im Antlitz aber vermeint man leise Züge einer beginnenden seelischen Einsamkeit zu entdecken.

lei Pein zu ertragen, die ein unerforschlich waltendes Geschick in unsere Tage mischt, wenn wir zuletzt über uns selbst durch andere aufgeklärt werden und das Problem unseres Strebens und Irrens sich in der Klarheit der Wirkungen auflöst, die wir hervorgebracht haben.»[140]

Carl Gustav Carus, der bedeutende Goetheanist des 19. Jahrhunderts, stirbt am 28. Juli 1869, abends gegen 19 Uhr im einundachtzigsten Lebensjahr in seinem Haus – der Villa Cara – in Dresden und wird drei Tage später auf dem Trinitatisfriedhof in Dresden-Johannstadt beigesetzt. Als man sein Testament eröffnet, findet man gleichsam als Schlußsatz seiner ganz aus der Lebenskunst gestalteten Biographie die folgenden Worte niedergelegt: «Ein langes und reiches Leben war mir gegönnt, und ich scheide davon als von keinem verfehlten Kunstwerk, vielmehr mit innigem Dank gegen Gott und mit aufrichtiger Liebe zu den Menschen! – Möge Gott mir begangene Fehler verzeihen, und möge von den Menschen ein wohlwollendes Gedächtnis mir vergönnt werden!»[141]

Zurückblickend auf das ungemein folgerichtige und harmonische Kunstwerk des Lebens von Carus darf man sagen, daß sich in ihm das Urwesen des Goetheanismus als eines heilenden Impulses manifestiert: Heilende Kräfte kann auch noch der heutige Leser aus den Werken von Carl Gustav Carus schöpfen.

CHRONOLOGIE SYMPTOMATISCHER LEBENSDATEN

1789	3. Jan.	Carl Gustav Carus in Leipzig geboren.
1799	(10–15)	Besuch des Thomas-Gymnasiums in Leipzig.
1804–10	(15–21)	Universitätsstudium in Leipzig.
1811	(22)	Abschluß des Studiums: Magister liberalium artium; Dr. phil., Dr. med. und Habilitation; Vorlesungen an der Universität Leipzig («Vergleichende Anatomie»). Heirat mit Caroline Carus.
1811–14	(22–25)	Assistenzarzt am Entbindungsinstitut in Leipzig bei Chr.G. Joerg.
1813	(24)	Lebensbedrohliche Typhus-Erkrankung (längeres Verweilen an der Todesschwelle).
1814	(25)	Ein Knotenjahr des Lebens: Berufung als Professor für Geburtshilfe und Direktor des Entbindungsinstitutes nach Dresden; Lebensumschwung.
1816	(27)	Erstmalige Beteiligung an der Dresdner akademischen Kunstausstellung.
1817	(28)	Wahrscheinlich erster Kontakt mit Caspar David Friedrich; erste Reise nach Berlin und Kennenlernen von Alexander von Humboldt.
1818	(29)	Ein Knotenjahr des Lebens: Beginn der Lebensfreundschaft mit Caspar David Friedrich. Es erscheinen die Schrift «Von den Naturreichen» und das «Lehrbuch der Zootomie» (ein epochemachendes Werk zur Vergleichenden Anatomie), dessen Übersendung den Briefwechsel und die Freundschaft mit Goethe begründet. Aufnahme in die «Leopoldinisch-Carolinische Akademie der Naturforscher und Ärzte» (im gleichen Jahr Aufnahme Goethes).
1821	(32)	Einziger Besuch bei Goethe in Weimar; erste Schweiz- und Italienreise.

1822	(33)	Festvortrag auf der Gründungsversammlung der «Gesellschaft deutscher Naturforscher und Ärzte» («Von den Anforderungen an eine künftige Bearbeitung der Naturwissenschaften»).
1826/27		Zweiter Mondknoten (37 Jahre, 2 Monate, 18 Tage).
1827	(38)	Ein Knotenjahr des Lebens: Ernennung zu einem der drei Leibärzte des sächsischen Königs. Aufgabe der akademischen Lehrtätigkeit, Berufung in das Medizinalkollegium der Landesregierung; größere zeitliche und finanzielle Unabhängigkeit; vermehrte Reisen. Beginn der Lebensfreundschaft mit Prinz Johann (Philalethes), dem Dante-Übersetzer.
1828	(39)	«Von den Ur-Theilen des Knochen- und Schalengerüstes» veröffentlicht; ehrenvolle Berufung nach Berlin abgelehnt. Zweite Schweiz- und Italienreise.
1831	(42)	«Neun Briefe über Landschaftsmalerei» erschienen. Letzter Brief des alten Goethe.
1833	(44)	Zentrales Geist-Erlebnis des «Durchsichtigwerdens» der Natur.
1841	(52)	Dritte Italienreise, längerer Aufenthalt in Florenz. «Zwölf Briefe über das Erdleben».
1844	(55)	Reise nach England und Schottland.
1846	(57)	Hauptwerk «Psyche – Zur Entwicklungsgeschichte der Seele» (Auftauchen des Reinkarnationsgedankens).
1853	(64)	Erster Königlich-Sächsischer Leibarzt; als solcher ist er besonders mit König Johann in gemeinsamer Liebe zu Dante verbunden.
1856	(67)	Tod der Seelenfreundin Ida von Lüttichau; zunehmende Vereinsamung.
1859	(70)	Tod von Caroline Carus, Todesjahr von Alexander von Humboldt und Carl Ritter. Carus' Schrift «Über Begriff und Vorgang des Entstehens» erscheint, zugleich aber auch Charles Darwins Arbeit «Über den Ursprung der Arten». Wandel des «Zeitgeistes» zum Materialismus und Darwinismus hin.

1861	(72)	Fünfzigstes Jubiläum seines Doktorates. «Natur und Idee oder das Werdende und sein Gesetz» (naturphilosophisches Hauptwerk) erscheint, wie ein Vermächtnis des Idealismus und «Goetheanismus».
1862	(73)	Wahl zum Präsidenten der «Leopoldinisch-Carolinischen Akademie der Naturforscher und Ärzte». Schrift «Goethe, dessen Bedeutung für unsere und die kommende Zeit» im Manuskript abgeschlossen.
1864	(75)	Fünfzigstes Jubiläum seiner Professur; Gründung der Carus-Stiftung bei der «Leopoldina».
1869	28. Juli	Tod von C.G. Carus in der Villa Cara in Dresden.

ANHANG

ANMERKUNGEN

1 C.G. Carus: *Lebenserinnerungen, Originalausgabe* (1865/66), Bd. II, S. 291.

2 C.G. Carus: *Göthe und dessen Bedeutung für unsere und die kommende Zeit* (1843), Nachdruck, Verlag Kurt Desch, München 1948, S. 182f.

3 Siehe J.W. v. Goethe: *Naturwissenschaftliche Schriften*, herausgegeben, eingeleitet und mit Anmerkungen versehen von Rudolf Steiner, Nachdruck der Erstauflage in *Kürschners Deutsche National-Literatur* (1884–1897), Rudolf Steiner Gesamtausgabe (GA), Bibl.-Nr. 1, Bde. a–e, Dornach 1975.

4 Historisch ist das Wort «Goetheanismus» eine Prägung des schwedischen Literaten Gustav Brinkmann, der es erstmalig am 4. Oktober 1803 in einem Brief an Goethe in einem allgemeinen kulturbildenden (das heißt nicht naturwissenschaftlichen) Sinne gebraucht hat. Publiziert ist der Brief erst im *Goethe-Jahrbuch*, Bd. 17, Frankfurt 1896. Rudolf Steiner verwendet unabhängig davon und eigenständig diesen Begriff in seinem Aufsatz *Ein freier Blick in die Gegenwart* (1884) zur Kennzeichnung der weltanschaulichen Geistesrichtung Goethes. Historisch gesehen versteht Steiner unter Goetheanismus jene vergessene Geistesströmung des 19. Jahrhunderts (zwischen 1801 und 1879), die von Goethe, Herder, Schelling und Novalis angeregt wurde, und er zählt zu den sogenannten Goetheanisten solch unterschiedliche Namen wie Carus, Schubert, Troxler, Ennemoser, I.H. Fichte und Rosenkranz. Allen gemeinsam ist die Ablehnung des Vulgärmaterialismus und die Interpretation der Welt vom Geiste her.
Der ausschließlich naturwissenschaftliche Gebrauch des Begriffs «Goetheanismus» hat sich erst durch Schüler R. Steiners ab 1918 herausgebildet. In den herkömmlichen Wissenschaftsdisziplinen der Natur- und Geisteswissenschaften ist der Begriff dagegen weitgehend unbekannt. Manches spricht aber gerade auch im Hinblick auf die Gestalt von Carus dafür, den Begriff ‹Goetheanismus› nicht nur naturwissenschaftlich zu gebrauchen, sondern die allgemeine, weltanschauliche Bedeutung mitzudenken (vgl. auch Karl Boegner, 1969 und Wolfgang Schad, 1982, S. 7).

5 Es gibt drei Institutionen, die sich mit dem Namen von Carus verbunden haben:
– das eine ist die «Medizinische Fakultät Carl Gustav Carus» der Technischen Universität in Dresden, die an das historische Wirken von Carus als Arzt und Professor in Dresden anknüpft;
– die zweite Institution ist das «Carl-Gustav-Carus-Institut» in Niefern-Öschelbronn bei Pforzheim. Es handelt sich um ein freies Forschungs-

institut auf dem Gebiet der Grundlagenforschung mit den Schwerpunkten in Biologie und Medizin. Die Namensgebung ist ein bewußtes Anknüpfen an den Naturwissenschaftler und Goetheanisten Carl Gustav Carus, der im 19. Jahrhundert der einzige Arzt war, der die Erkenntnismethode Goethes konsequent gepflegt hat;
– die dritte Institution ist die «Carus-Akademie», eine ganzheitsmedizinisch orientierte Fortbildungsakademie mit Sitz im Haus Rissen, einem renommierten Fortbildungsinstitut für Politik und Wirtschaft in Hamburg-Rissen. Die Namensgebung knüpft an C.G. Carus an als Symbolfigur für eine Medizin, die nicht nur naturwissenschaftlich ausgerichtet ist, sondern auch alte und neue spirituelle Medizinsysteme einbezieht.

6 Siehe C.G. Carus: *Zwölf Briefe über das Erdleben* (1841), herausgegeben und eingeleitet von Ekkehard Meffert, Verlag Freies Geistesleben, Stuttgart 1986 [zitiert als *Erdlebenbriefe, Textband*]. Und Ekkehard Meffert: *Carl Gustav Carus – Sein Leben, seine Anschauung von der Erde*, Verlag Freies Geistesleben, Stuttgart 1986 [zitiert als *Interpretationsband*].
Beide Bände bilden eine Einheit in Kassette.
Die biographische Skizze findet sich im *Interpretationsband*, S. 1–82.

7 Wolfgang Genschorek: *Carl Gustav Carus – Arzt, Künstler, Naturforscher*, Hirzel Verlag, Leipzig, 5., veränderte Auflage 1988. Inzwischen als Restauflage aufgekauft durch die Edition Wötzel, Dreieich 1989. Die marxistische Einfärbung dieser Biographie kommt zum Beispiel in dem Kapitel *Dialektische Naturbetrachtung*, S. 101–113, deutlich zum Ausdruck.

8 Abgedruckt als Einleitung in: C.G. Carus: *Zwölf Briefe über das Erdleben*, hrsg. von Ekkehard Meffert, Stuttgart 1986, S. 12–20 und 28–42.

9 C. G. Carus: *Zehn Briefe über Landschaftsmalerei* (nach der zweiten Ausgabe von 1835), samt 22 Ölgemälden von Carus aus dem Besitz der staatlichen Gemäldegalerie Albertinum Dresden sowie einer Einleitung von Joachim Neidhardt und einem Essay von Ekkehard Meffert, soll erscheinen als Band I der geplanten *Carus-Werkausgabe* im Triptychon-Verlag, Dresden.

10 Stefan Grosche: *Carl Gustav Carus und Goethe – eine kommentierte Briefedition*. Geplant als Jubiläumsgabe der Akademie «Leopoldina» (Halle) für das Jahr 2002.

11 Stefan Grosche: *Lebenskunstwerk und Heilkunde bei Carl Gustav Carus – anthropologische Medizin in Goethescher Weltanschauung*, Medizinhistorische Dissertation, Universität Göttingen 1993, Dissertationsdruck 1995. Eine der lesenswertesten Carus-Publikationen der vergangenen Jahre.

12 Diese biographische Skizze beruht vor allem auf der immer noch sehr lesenswerten Autobiographie von C.G. Carus: *Lebenserinnerungen und Denkwürdigkeiten* (1865/66). Sie offenbart am deutlichsten den inneren Lebensduktus und die «lebenskünstlerische Gestaltung» seiner Biographie, die hier herausgearbeitet werden soll. – Da Einzelheiten aus dem Leben von

Carl Gustav Carus nicht ohne weiteres als bekannt vorauszusetzen sind, werden diese etwas ausführlicher dargestellt. Dabei sollte Carus so viel wie möglich selbst zu Wort kommen. Das autobiographische Werk *Lebenserinnerungen und Denkwürdigkeiten* wird zitiert:
– in erster Linie nach der in der ehemaligen DDR erschienenen zweibändigen, leicht gekürzten Ausgabe von Elmar Jansen: *Carl Gustav Carus – Lebenserinnerungen und Denkwürdigkeiten,* Kiepenheuer-Verlag, Weimar 1966 [zitiert als *Lebenserinnerungen*];
– in zweiter Linie nach der in der alten BRD publizierten, stark gekürzten Ausgabe von Manfred Schlösser: *Carl Gustav Carus – Denkwürdigkeiten aus Europa,* Marion v. Schröder-Verlag, Hamburg 1963 [zitiert als *Denkwürdigkeiten*];
– in dritter Linie nach der von Carus eigenhändig zum Druck beförderten Originalausgabe (4 Teile in 2 Bänden), erschienen im F.A. Brockhaus-Verlag, Leipzig 1865/66. Der fünfte Teil der *Lebenserinnerungen* wurde nach den Urschriften bearbeitet und herausgegeben von Rudolf Zaunick, Jess-Verlag, Dresden 1931 [zitiert als *Lebenserinnerungen, Originalausgabe*].

13 C.G. Carus: *Lebenserinnerungen,* Bd. I, S. 22.

14 Bei Breitkopf und Härtel in Leipzig erscheint später das erste wissenschaftliche Werk von C.G. Carus.

15 C.G. Carus: *Lebenserinnerungen,* Bd. I, S. 31.

16 Ebd., S. 39.

17 Brief an Goethe vom 23. Oktober 1820.

18 C.G. Carus: *Lebenserinnerungen,* Bd. I, S. 51.

19 Ebd., S. 52.

20 Ebd , S. 62.

21 Karl Friedrich Burdach, ein stiller, nobler Gelehrter, geht 1811 als Professor für Physiologie an die deutsche Universität nach Dorpat (Rußland, heute Tartu/Estland). Auf Burdachs Veranlassung erfolgt von hier 1814 ein Ruf auf eine Professur an seinen ehemaligen Schüler Carus. Von 1810 bis 1814 studiert Karl Ernst v. Baer bei Burdach in Dorpat. Nach dem Wechsel Burdachs an die Universität Königsberg holt er 1817 von Baer dorthin und ermöglicht ihm damit die wissenschaftliche Laufbahn. Späterhin entzweien sich leider diese beiden bedeutenden Goetheanisten. Vgl. dazu das biographische Nachwort von Karl Boegner in: Karl-Ernst von Baer: *Entwicklung und Zielstrebigkeit in der Natur,* Schriften des frühen Goetheanismus, Stuttgart 1983.

22 C.G. Carus: *Lebenserinnerungen,* Bd. I, S. 77f.

23 Ebd., S. 48.

24 Ebd., S. 103.

25 C.G. Carus: *Denkwürdigkeiten*, S. 53f.

26 Vgl. Willy Heudtlass: *Henri Dunant*, Kohlhammer Verlag, Stuttgart 1995.

27 C.G. Carus: *Lebenserinnerungen*, Bd. I, S. 116–118.

28 C.G. Carus: *Göthe – zu dessen näherem Verständnis* (1843), Kapitel *Die Individualität Goethes*, Kurt Desch Verlag, München 1948, S. 55.

29 Frank Nager: *Der heilkundige Dichter – Goethe und die Medizin*, Artemis Verlag, Zürich 1999, S. 22.

30 Vgl. dazu R. Steiner: Vortrag vom 5. November 1916, in GA 172.

31 Brief an Regis, Nr. 2, MSC Dresden., zitiert in Wolfgang Genschorek: *Carl Gustav Carus*, Leipzig 1978, S. 42.

32 C.G. Carus: *Denkwürdigkeiten*, S. 64.

33 Ebd., S. 62.

34 Vgl. R. Steiner, Vortrag vom 5. November 1916, in GA 172.

35 Siehe dazu das vollständige Verzeichnis der Schriften im *Textband der Erdlebenbriefe*, Stuttgart 1986, S. 256–264.

36 Brief an Regis vom 23. 12. 1818, Nr. 34, zitiert in Marianne Prause: *C.G. Carus – Leben und Werk*, Berlin 1968, S. 12.

37 C.G. Carus: *Denkwürdigkeiten*, S. 829.

38 Den Begriff der «Lebenskunst» – als höchste Zusammenfassung aller Künste –, das heißt die Gestaltung der eigenen Biographie zum Kunstwerk, hat Carus selbst gebraucht. Er hat dieser Kunst eine eigene Schrift gewidmet: *Die Lebenskunst nach den Inschriften des Tempels zu Delphi* (1863). Diese äußerst lesenswerte Schrift ist, von Karl Boegner neu herausgegeben und mit einem Nachwort versehen, in der Reihe «Denken, Schauen, Sinnen», Bd. 38/39, Stuttgart 1968, erschienen.

39 C.G. Carus: *Lebenserinnerungen*, Bd. I, S. 474.

40 *Analekten zur Naturwissenschaft und Heilkunde*, Dresden 1829, S. 2/3, zitiert in Stefan Grosche, 1993/95, S. 36.

41 C.G. Carus: *Lebenserinnerungen, Originalausgabe*, Bd. I, S. 176.

42 Renate Opitz (-Sieweke) schreibt über die medizinische Auffassung von Carus zum Wesen der Krankheit: «In einer Persönlichkeit aber konzentrierte sich innerhalb dieser großen Zeitenwende das Bewußtsein von dem Ideengehalt der Medizin in einer Form, die dem Materialismus ideell überlegen war. Diese Persönlichkeit ist Carl Gustav Carus (...) Einen gemeinsamen Ursprung haben bei Carus die drei Wurzeln des Medizinischen: Pathologie – Therapie – Hygiene. Was später auseinanderfiel – zum Unheil für das ärztliche Handeln –, findet sich bei ihm durch eine Idee organisch verbunden (...) Die unbefangene, hingebungsvolle Beobachtung der Lebensvorgänge führt Carus zur Anerkennung eines geistigen Prinzips als

Träger des metamorphotischen Geschehens im Lebenslauf des ideell bedingten Organismus, als das im Prozessualen die Form bewahrende Moment gegenüber der ständig zum Zerfall neigenden stofflichen Organisation. Im fein abgestimmten Spiel der organischen Funktionen offenbart sich Carus dieses geistige Kraftfeld wie ein zweiter Mensch im Menschen. Als die ‹Idee des individuellen Lebens› bezeichnet Carus diesen für seine medizinischen Ideen so grundlegenden Erfahrungsbereich.» (*Die Idee der Medizin bei C.G. Carus,* in: *Der Beitrag der Geisteswissenschaft zur Erweiterung der Heilkunst,* Jahrbuch 1952, Bd. III, S. 300f.)
Vgl. auch die weitere aufschlußreiche medizinhistorische Dissertation von Stefan Grosche: *Lebenskunst und Heilkunde bei Carl Gustav Carus,* insbesondere Kapitel 5 («Naturerkenntnis und Krankheitsauffassung») und Kapitel 6 («Therapie»), Göttingen 1993/95, S. 119ff.

43 Bei vielen Biographien scheint die Frage «was wäre, wenn», nicht unangebracht, nämlich überall dort, wo keine Carussche «Lebenskunst» vorhanden ist, das heißt der Versuch, mit den innersten Schicksalsimpulsen im Einklang zu handeln. Aber bei Carus ist diese Frage eben unangebracht, weil ja sein späteres Leben in schönster Weise selbst die «Begründung» dazu liefert, daß er recht tat, die auswärtigen Berufungen abzulehnen.

44 Den Hinweis, daß es sich bei dem Berliner Lehrstuhl um denjenigen der I. Medizinischen Klinik handelt und nicht, wie so oft in der Literatur behauptet, um die Nachfolge des berühmten Psychologen C.A. Rudolphi (1771–1832), den im Jahre 1832 Johannes Müller (1801–1858) erhält, verdanke ich der Dissertation von Stefan Grosche (vgl. S. 39). Dieser Verwechslung war ich, der Literatur folgend, 1986 zunächst selbst erlegen.

45 Vgl. dazu Rudolf Steiner: *Der Sturz der Geister der Finsternis,* GA 117.

46 Carus berichtet hierüber: «… mir war nur aufgegeben, als Gegengabe (...) eine lebensgroße Kreidezeichnung meines eigenen Angesichts für das Goethe-Album in Weimar zu schicken, was ich denn auch mittels eines von Rietschel ausgeführten Profils richtig vollbrachte.» (C.G. Carus: *Lebenserinnerungen, Originalausgabe,* Bd. II, S. 417.)

47 C.G. Carus: *Mnemosyne* (1848), S. 193–200.

48 Ebd., S. 253.

49 Philalethes: *Dante – Göttliche Komödie,* vollständige, historisch-kritische und metrische Übertragung in drei Bänden: 1833 *Inferno,* 1836 *Purgatorio,* 1841 *Paradiso* (als Privatdruck) bzw. 1839, 1840 und 1849 (als öffentliche Ausgabe). Der Ausgabe sind umfangreiche Erläuterungen beigegeben, die das Werk vom Zeitumkreis der Scholastik her erhellen und es vor allem zur Philosophie Thomas von Aquins in Beziehung setzen.

50 Ingo Zimmermann: *Zur Charakteristik der Persönlichkeit Johanns von Sachsen,* in: *Sächsische Heimatblätter,* Heft 1, Dresden 1992, S. 4.

51 C.G. Carus: *Lebenserinnerungen,* Bd. I, S. 51.

52 C.G. Carus: *Denkwürdigkeiten,* S. 509f.

53 C.G. Carus: *Lebenserinnerungen,* Bd. I, S. 55.

53a Carus-Brief an Regis am 28.5.1831 (Brief Nr. 154). Zitiert in: Marianne Prause: Carl Gustav Carus – Leben und Werk; Berlin 1968, S. 100 (Katalog).

54 *Dante Alighieris Göttliche Komödie* von Philalethes (1865-66). Nachdruck dieser Ausgabe, ergänzt um einige Kupferstiche bei B.G. Teubner, Leipzig/Berlin 1904.

55 Der Kontext des Zitates von A. Steffen lautet: «[Dante] ist heute durch zahllose Kommentatoren, die seine Dichtung nach allen Seiten hin im Sinne der mittelalterlichen Denker, besonders des Thomas von Aquino, erklärt haben, ausgeschöpft. Daran hat Philalethes den herrlichsten Anteil. Philalethes ist bekanntlich der Deckname für Johann, König von Sachsen, der am 12. Dezember 1801 geboren und am 29. Oktober 1873 gestorben ist (...) Es berührt eigentümlich, daß seiner dreibändigen Übersetzung sein Bild auf dem Totenbette beigefügt ist, wo dem Geist des Königs das Antlitz des Dichters erscheint. Unverkennbar ist eine große Ähnlichkeit in den Gesichtszügen Dantes und seines Kommentators zu ersehen.» (Albert Steffen: *Dante und die Gegenwart,* in: *Geist-Erkenntnis, Gottes-Liebe – Versuch einer Synthese von Wissenschaft, Kunst, Religion,* Verlag für schöne Wissenschaften, Dornach 1949, S. 119/120.

56 Die Schicksalsfrage Albert Steffens an Rudolf Steiner wird zwar ausgelöst sein durch das höchst bemerkenswerte Titelkupferbild der Danteübersetzung von Philalethes, dahinter aber dürfte als tiefere Ursache sein vehementes Interesse an der Zeit Dantes und Giottos stehen. Wahrscheinlich kannte Steffen auch den in München gehaltenen Vortrag Rudolf Steiners vom 26. 8. 1912, oder hat ihn gar selbst gehört, in dem eine karmische Beziehung leise angedeutet wird. Die Vortragsstelle lautet: «Was ich Ihnen eben gesagt habe von dem manchmal beirrenden Wiedererscheinen der Initiierten, so daß man glauben könnte, sie seien heruntergestiegen von ihrer Höhe, dafür könnte ich Beispiele anführen, und wahrscheinlich würden Sie im höchsten Grade erstaunt sein, wenn ich Ihnen sagte, in welcher Weise z. B. Dante im neunzehnten Jahrhundert wieder inkarniert war. Aber ich habe hier nicht die Aufgabe das, was für mich selbst ein Forschungsergebnis war, und was für mich selber feststeht, jetzt weiter zu besprechen, sondern die Dinge, die alle kennen, welche in Okkultismus bewandert sind, beweiskräftig vorzubringen ...» (Rudolf Steiner, Vortrag vom 26. 8. 1912, in GA 138.)

Offensichtlich hat R. Steiner den angedeuteten karmischen Zusammenhang drei Menschen auf deren Nachfrage näher erläutert: Albert Steffen, überliefert durch Rudolf Grosse, Dornach (persönliche Gespräche mit Grosse am 11. 10. 1985 und am 18. 7. 1987), Ita Wegman, überliefert durch Georg Moritz Erbprinz von Sachsen-Altenburg, Herzog zu Sachsen, Schloß

Hamborn (persönliches Gespräch am 6. 6. 1986) und Mathilde Scholl, Köln bzw. Dornach. Am ausführlichsten hat der Erbprinz von Sachsen-Altenburg († 13. 2. 1991) mir von diesen Schicksalszusammenhängen berichtet.

57 Ferner seien wenigstens namentlich genannt: W.E.J. d'Alton (Professor für Anatomie in Halle), F.A. von Ammon (Professor der Augenheilkunde und befreundeter königlicher Leibarzt), P.J. David D'Angers (französischer Bildhauer), W.H. Graf v. Baudissin (Shakespeare-Übersetzer), E. Bendemann (Historienmaler, Professor an der Dresdner Akademie), Ch.G. Ehrenberg (Naturforscher und Reisebegleiter A. von Humboldts), E.F.Fr. Chladni (Physiker und Akustiker, Entdecker der nach ihm benannten symmetrischen Klangfiguren), J.B. Hübner (Porträtmaler, Professor und Direktor der Dresdner Gemälde- Akademie; siehe sein Carus-Porträt auf dem Schutzumschlag), Chr.F. Nasse (Arzt und Medizinprofessor), J.H. Pestalozzi (Pädagoge, den Carus 1821 in Yverdon kennenlernt), Ch.D. Rauch (Hauptmeister der Berliner Bildhauerkunst, Lehrer des Carus-Schwiegersohnes Rietschel), H.G.L. Reichenbach (Professor für Naturgeschichte in Dresden), K.A. Rudolphi (Anatomieprofessor in Berlin), W. Schröder-Devrient (berühmte Dresdner Opernsängerin), A.G. Werner (der «alte Berggeist von Freiberg», berühmter Mineraloge und Vertreter der neptunischen Erdentstehungstheorie).

58 C.G. Carus: *Lebenserinnerungen,* Bd. I, S. 537.

59 C.G. Carus: *Lebenserinnerungen, Originalausgabe,* S. 93/94.

60 Ida von Lüttichau, zitiert nach C.G. Carus: *Lebenserinnerungen,* Bd. IV, S. 142.

61 Zitiert in Erich Mende: *Ida von Lüttichau,* in: *Zeitschrift Schauen und Bilden,* 1976, S. 5–8.

62 C.G. Carus: *Lebenserinnerungen,* Bd. II, S. 112.

63 Humboldt hatte 1799–1804 (zusammen mit Bonpland) seine große südamerikanische Forschungsreise durchgeführt (im Gebiet der heutigen Staaten Venezuela, Kuba, Kolumbien, Ecuador, Peru, Mexiko und der USA), hatte dann von 1808 bis 1827 zur Auswertung dieser Reise vorwiegend in Paris als Gelehrter gelebt und war dann im Juni 1827 auf Grund eines Rufes von König Friedrich Wilhelm III. nach Berlin zurückgekehrt, wo er die Kulturpolitik nachhaltig beeinflußte, obwohl er bereits 1810 eine offizielle Berufung zum preußischen Kultusminister ausgeschlagen hatte. Im Winter 1827/28 hält A. von Humboldt an der Universität in Berlin und im Saal der Singakademie seine berühmten Vorlesungen über physische Geographie (Kosmos-Vorlesungen), unter deren über tausend Zuhörern auch der König von Preußen selbst weilt. 1829 (12. 4.–28. 12.) unternimmt er mit Gustav Rose und Christian Gottfried Ehrenberg seine große russisch-sibirische Reise, die ihn u. a. über die wolgadeutschen Kolonien bis zur chinesischen Grenze bei Bachty führt.

64 Humboldts populärste Schrift ist wieder greifbar in: *Alexander von Humboldt Studienausgabe,* herausgegeben und eingeleitet von Hanno Beck, 7 Bände; darin als Bd. 5: *Ansichten der Natur,* kommentierte Neuausgabe, Wissenschaftliche Buchgesellschaft, Darmstadt 1987.

65 Zitiert in C.G. Carus: *Lebenserinnerungen,* Bd. I, S. 488f.

66 Ebd., S. 157/158.

67 Der noch nicht vierzigjährige Carus hatte auf Veranlassung Humboldts 1828 einen höchst ehrenvollen Ruf auf eine Professur nach Berlin erhalten (I. Medizinische Klinik), wo ihm 5000 Taler statt der anfangs 500 Taler in Dresden geboten wurden. Carus aber wollte seinen Wirkensort Dresden nicht verlassen und lehnte den Ruf ab. Ein Ruf auf den fachverwandten Lehrstuhl für Physiologie ist fünf Jahre später (1833) an Johannes Müller (1801–1858) gegangen, der ihn annimmt. An ihm wird die Tragik des 19. Jahrhunderts sichtbar: Er beginnt ganz als Goetheanist, gerät dann immer stärker in den Sog des materialistischen Zeitgeistes, und seine Schüler sind bereits Exponenten der materialistisch-positivistischen Naturwissenschaft: Emil Du Bois-Reymond, Hermann von Helmholtz, Rudolf Virchow, Ernst Haeckel u. a. m. Vgl. zu diesem geistesgeschichtlichen Umschwung im 19. Jahrhundert die entsprechenden Kurzbiographien in dem aufschlußreichen Buch von Johannes Hemleben: *Das haben wir nicht gewollt – Sinn und Tragik der Naturwissenschaft,* Stuttgart 1978.

68 C.G. Carus: *Denkwürdigkeiten,* S. 88.

69 Brief vom 27. 10. 1826.

70 C.G. Carus: *Lebenserinnerungen,* Bd. I, S. 562f.

71 Brief an Carus vom 23. März 1818. Carus hat die Geschichte seiner Freundschaft mit Goethe im ersten Kapitel seines Buches *Göthe – zu dessen näherem Verständnis* (1843) selbst beschrieben und dort auch die Briefe Goethes an ihn publiziert. Es ist ein äußerst lesenswertes Kapitel. Alle im folgenden zitierten Briefe Goethes an Carus entstammen diesem Kapitel. Stefan Grosche wird den Briefwechsel zwischen Carus und Goethe in kommentierter Form neu herausgeben (Stefan Grosche: *Carl Gustav Carus und Goethe – eine kommentierte Briefedition*. Geplant als Jubiläumsgabe der Akademie Leopoldina, Halle, ca. im Jahr 2002).

72 C.G. Carus: *Lebenserinnerungen,* Bd. I, S. 282.

73 Die drei Beiträge von C.G. Carus zu Goethes *Morphologischen Heften* sind zusammen mit den Kommentaren Rudolf Steiners wieder greifbar durch den Reprint von Goethes *Naturwissenschaftlichen Schriften* in *Kürschners Deutscher National-Literatur* (1884–1897), mit Einleitungen, Fußnoten und Erläuterungen im Text, herausgegeben von Rudolf Steiner. Fünf Bände. Nachdruck als Bibl.-Nr. 1a–e der Rudolf Steiner Gesamtausgabe (GA), Dornach 1975.

Die umfangreichste der drei Carus-Schriften *(Grundzüge allgemeiner Naturbetrachtung,* 1823) ist außerdem in Auszügen abgedruckt und kommentiert in Hans Heinze: *Mensch und Erde,* Dornach 1983, Kap. V, S. 178ff.

74 *Goethes Naturwissenschaftliche Schriften,* a. a. O., S. 421 und 422.

75 C.G. Carus: *Lebenserinnerungen,* Bd. I, S. 282f.

76 Brief vom 13. Januar 1822.

77 C.G. Carus: *Göthe und dessen Bedeutung für unsere und die kommende Zeit* (1843), Nachdruck, Verlag Kurt Dresch, München 1948, S. 182f.

78 Zitiert in Wolfgang Schad: *Die geschichtliche Voraussetzung der Anthroposophie in der Neuzeit,* in: *Zivilisation der Neuzeit,* Stuttgart 1981, S. 31. Stefan Grosche schreibt zu diesem Problemkreis: «Das nicht abgeschickte Manuskript eines zunächst zustimmenden Antwortschreibens über die ‹Psychologie› erscheint vor dem Hintergrund der inzwischen wiederholt bekundeten Lektüre Goethes und der kurz darauf festgehaltenen deutlich distanzierenden Tagebucheinträge kaum mehr als unglückliches Versehen. Eher entsteht der Eindruck der bewußten Zurückhaltung eines revidierten, vorschnell gefaßten Urteils über die psychologischen Anschauungen von Carus.» (Stefan Grosche: *Lebenskunst und Heilkunde bei Carl Gustav Carus,* Dissertation, Göttingen 1993/95, S. 91.)

79 Wolfgang Schad formuliert dazu: «Goethe (...) konnte auch kaum etwas mit der Romantik anfangen, was wenig bekannt ist (...) Geistvoll waren die Romantiker alle, das sah Goethe sogleich. Aber ihren Hang zum Dunklen – und er sprach aus Erfahrung – beurteilte er als einseitig, ja krankhaft.» (Gespräch mit Riemer, 28. 8.1808; Wolfgang Schad: *Die geschichtlichen Voraussetzung der Anthroposophie in der Neuzeit,* in: *Zivilisation der Neuzeit,* Stuttgart 1981, S. 31.

80 Der Psychotherapeut Prof. Dr. Peter Petersen sagt in einem Vortrag innerhalb der interdisziplinären Vortragsreihe «Psychotherapie und Psychosomatik», Medizinische Akademie Carl Gustav Carus, Dresden am 29. Mai 1992 («Carl Gustav Carus mit heutigen Augen betrachtet»): «Bevor ich drei wesentliche Aspekte des modernen Therapeuten als Künstler entfalte, möchte ich im Blick auf einen strahlenden Genius loci im Dresden des 19. Jahrhunderts, Carl Gustav Carus, einen kleinen Ertrag aus der Geschichte der Heilkunde einfahren, (...) Carus führt das genetische Denken in die medizinische Wissenschaft ein. In seinen im Wintersemester 1829/30 in Dresden gehaltenen und 1831 publizierten XXI. ‹Vorlesungen über Psychologie› sagt er darüber: Für die ‹eigentlich wissenschaftliche Betrachtung› müssen wir uns ‹nach einer (...) das Wesen der Naturerscheinungen (...) an der Wurzel fassenden Methode (...) umsehen, und eine solche ist die genetische, welche in ihren Betrachtungen einen Gang nimmt, welcher möglichst gleich ist dem Gange, in welchem die Naturerscheinungen selbst hervortreten› (...) Welche kreative Potenz in dem methodischen Ansatz Carus' mit sei-

nem genetischen Denken steckt, läßt sich an seinen Empfehlungen zur Didaktik der Anatomie ablesen (Koehler): dabei soll der anatomische Bau von Organismen und Organen zeitparallel mit mathematischen Prozessen gelehrt werden; der Anatomieunterricht beginnt mit deskriptiver Anatomie (entspricht Größenlehre und Mathematik), schreitet fort zur geschichtlichen Anatomie (entspricht Geometrie und Arithmetik), geht über zur vergleichenden Anatomie und endet mit philosophischer Anatomie (entspricht Kennzeichnung des Typus durch mathematische Zeichen wie Schemata und Formeln). Parallelen von Musiktherapien (Ruland) und Physiologie des Menschen (Hildebrandt) mit ihren harmonischen, rhythmischen Strukturen in der Musik und in den physiologischen Rhythmen des Menschen tauchen hier auf, wenn wir an die modernen Kunsttherapien und ihr Verhältnis zu den biologischen medizinischen Wissenschaften denken.» (Peter Petersen: *Der Therapeut als Künstler – Intensivierte Psychotherapie/Psychosomatik durch Künste und künstlerische Lebenseinstellung,* in: *Neue Wege der Psychotherapie und Psychosomatik,* Leuven/NL 1992, S. 61–63.

81 C.G. Carus: *Lebenserinnerungen,* Bd. I, S. 109. Vgl. zu dieser Thematik auch den schönen Aufsatz von Hans Joachim Neidhardt: *Carl Gustav Carus – Lebenskunst und Lebensgleichnis,* in: *Dresdner Hefte,* Nr. 18, Dresden 1989.

82 C.G. Carus: *Briefe über Landschaftsmalerei,* Leipzig, 2. Aufl. 1835, S. 46/47.

83 C.G. Carus: *Lebenserinnerungen,* Bd. I, S. 164/65.

84 Grosche, 1993/95, S. 26. Die medizinhistorische Dissertation von Stefan Grosche unter dem Titel: *Lebenskunst und Heilkunde bei Carl Gustav Carus – Anthropologische Medizin in Goethescher Weltanschauung,* Universität Göttingen, 1993, Dissertationsdruck 1995, ist eine der lesenswertesten Carus-Publikationen der vergangenen Jahre.

85 Brief an Regis vom 15. August 1818.

86 C.G. Carus: *Lebenserinnerungen,* Bd. I, S. 167.

87 Das hat Marianne Prause in ihrer Monographie über das malerische Werk von Carus durch Gegenüberstellung mit Bildern von C.D. Friedrich eindrücklich nachgewiesen. Siehe auch Ekkehard Meffert: *Interpretationsband,* Stuttgart 1986, S. 134–174 (mit zahlreichen Abbildungen, insbesondere auch Gegenüberstellungen Carus-Friedrich).

88 Diese Briefe erweitert Carus nach 1831 um einen zehnten Brief; er fügt weitere fünf Beilagen hinzu und läßt diese Briefe 1835 in einer zweiten Auflage erscheinen. Eine schöne Neuausgabe ist im Kiepenheuer Verlag, Leipzig und Weimar 1982 erschienen. Greifbar in der Bundesrepublik ist noch die Ausgabe bei Lambert Schneider, Heidelberg 1972 (Nachwort von Dorothea Kuhn). Demnächst neu greifbar in der *Carus-Werksausgabe,* Bd. I, Dresden ca. 2001 (mit Abhandlungen von H.J. Neidhardt und E. Meffert).

89 C.G. Carus: *Lebenserinnerungen,* Bd. I, S. 145/146.

90 Vgl. zu der Bezeichnung «Erdlebenbilder» Dorothea Richter: *Der Begriff des «Erdlebenbildes» bei Carl Gustav Carus,* unveröffentlichte Staatsexamensarbeit für das Lehramt am Gymnasium, Hochschule für Bildende Künste, Braunschweig, WS 1989/90.

91 Vgl. zu diesem Aspekt das Buch von Gottfried Richter: *Caspar David Friedrich – der Maler der Erdenfrömmigkeit,* Stuttgart 1953. Die tiefe religiöse Bedeutung der Landschaftsbilder von C. D. Friedrich wird seit seiner «Wiederentdeckung» durch die großen Ausstellungen (Tate Gallery London 1972, Hamburger Kunsthalle 1974, Dresden 1975) immer deutlicher erkennbar. Dadurch fällt aber auch neues Licht auf die Landschaftsbilder von Carus.

92 C.G. Carus: *Lebenserinnerungen,* Bd. I, S. 120/21.

93 Ebd., S. 123.

94 C.G. Carus: *Lebenserinnerungen, Originalausgabe,* Bd. I, S. 262/263.

95 C.D. Friedrich, zitiert in Wieland Schmied: *C.D. Friedrich,* Köln 1976.

96 C.G. Carus: *Lebenserinnerungen, Originalausgabe,* Bd. I, S. 256.

97 Brief vom 17. September 1829, zitiert in M. Prause, 1968, S. 16.

98 C.G. Carus: *Sechster Brief über Landschaftsmalerei,* hrsg. von Gertrud Heider, Weimar 1982, S. 60/61 (verkürzte Zusammenstellung vom Referenten); siehe auch die Wiedergabe dieses Wolkengedichts am Ende des *zehnten Briefes über das Erdleben (Textband),* Stuttgart 1986, S. 210f.

99 Zu den Landschaftsschilderungen von Carl Gustav Carus vgl. den Aufsatz von Detlef Haberland: *Carl Gustav Carus und seine Reisebeschreibungen,* in: *Geographia Spiritualis,* Festschrift für Hanno Beck, Peter Lang Verlag, Frankfurt am Main 1993, S. 77–85.

100 Zu dem Begriff «Hüllenelemente» vgl. Hildegard von Bingen: *Kosmosschau.* Außerdem Friedrich Benesch: *Leben mit der Erde – Erde als Mesokosmos,* Stuttgart 1993; James Lovelock: *Das Gaia-Prinzip,* München 1991.

101 C.G. Carus: *Denkwürdigkeiten,* S. 175–179. Das erwähnte Bild hat den Titel «Eichen am Meer» und ist auch bei E. Meffert (Hrsg.): C. G. Carus: *Zwölf Briefe über das Erdleben,* Stuttgart 1986, in Farbe als Umschlagbild verwendet.

102 *Reise nach England und Schottland* (1845), Bd. II, S. 214ff.

103 Diesen drei beispielhaften Landschaftsschilderungen können viele andere Textpassagen an die Seite gestellt werden. Immer wieder zeigt sich bei Carus die meisterhafte Fähigkeit, das Wesen einer Landschaft auszusprechen. Vgl. dazu auch die Landschaftsschilderungen des Arnotales bei Florenz (Kapitel «Italienreisen») und der Gegend um Annaberg (Kapitel «Seelenlehre», S. 95). Am 7. August 1829 besuchte Felix Mendelssohn die Insel Staffa und die Fingalshöhle, was ihn zur Komposition der Hebriden-Ouvertüre anregte, die Carus sehr schätzte. Zum Erden- und Mysterienort

Staffa vgl. Alastair de Watterville: *Staffa*, Romsey 1993; Hand Gsänger: *Irland*, Freiburg 1969, S. 190ff. Vgl. Zu Carus' Schilderung von Staffa auch die des Arnotales bei Florenz (S. 37).

104 In der Terminologie Rudolf Steiners: das «ätherische Aroma» oder die «Äther-Aura». Diese geisteswissenschaftlichen Begriffe sollen hier eingeführt werden, um zu zeigen, daß Carus (ohne Kenntnis dieser Begrifflichkeit) immer wieder in seinen Landschaftsschilderungen gerade nach jener sinnlich-übersinnlichen Atmosphäre der Erde sucht, die Rudolf Steiner folgendermaßen beschreibt: «Wer mit hellseherischem Bewußtsein die verschiedenen Gebiete unserer Erde durchwandert, wer mit diesem Bewußtsein den einen oder anderen Boden unserer Erde betritt, der weiß, daß in dem eigentümlichen physischen Pflanzenbild, in der eigentümlichen Konfiguration der Gesteine sich nicht alles dasjenige erschöpft, was er von diesem Boden, von diesem Bilde irgendeines Erdengebietes weiß. Wenn aber für das materialistische Bewußtsein von einem Abstraktum gesprochen wird, wenn wir von einem eigentümlichen Aroma, ja von einer Aura eines bestimmten Gebietes unserer Erde sprechen, ist das wiederum begreiflich. Für das hellseherische Bewußtsein erhebt sich in der Tat über jedem Fleck unserer Erde dieses eigentümliche geistige Wolkengebilde, das man bezeichnen muß als die Äther-Aura eines besonderen Erdengebietes. Diese Äther-Aura ist anders, ganz anders über den Gefilden der Schweiz als über den Gefilden Italiens und wieder anders über den Gefilden Norwegens, Dänemarks oder Deutschlands. So wahr jeder Mensch seinen eigenen Ätherleib hat, so wahr ist über jedem Gebiet unserer Erdoberfläche eine Art Äther-Aura aufgetürmt.» Auf dem Hintergrund dieser Darstellung gewinnen viele Landschaftsschilderungen bei Carus eine ganz andere Tiefe: es wird bemerkbar, wie er in einzelnen Schilderungen deutlich Teilaspekte der «Äther-Aura» beschreibt.

105 Ricarda Huch: *Die Romantik* (1908), Rainer Wunderlich Verlag, Tübingen 1951, S. 366.

106 *Achter Brief über Landschaftsmalerei*, Weimar 1982, S. 88.

107 *Siebenter Brief über das Erdleben*, *Textband*, S. 156.

108 Er schreibt in seiner *Physiognomik der Gebirge:* «Ferner habe ich an den Sandsteingebirgen eine besondere Physiognomie nicht unbemerkt lassen können (...): in der deutlich schichtweise ruhenden Lagerung der Felsen, in den Spuren ihrer, durch neuere Gewässer, bei eigener größerer Weichheit und alter, auf Erhebungsvorgängen beruhender Zerklüftung, leichter erfolgenden Zerstörung; in den somit entstandenen schroffen, im einzelnen aber immer stumpf und rundlich ausgebrochenen und ausgewaschenen Felswänden, den engen, eingerissenen Schluchten (...), in den viereckigen, stehengebliebenen Massen (zum Beispiel Lilien- und Königstein), in den durchgebrochenen Felsöffnungen (...) und in so mancher andern Eigen-

tümlichkeit.» (C.G. Carus: *Briefe über Landschaftsmalerei*, Erste Beilage: Andeutungen zu einer Physiognomik der Gebirge, hrsg. von Gertrud Heider, Weimar 1982, S 100f. Vgl. dazu auch das kleine Unterkapitel «Schilderung der Genesis der Gebirgsgegend der Sächsischen Schweiz» im *siebenten Erdlebenbrief, Textband*, S. 158ff.)

109 Von Carus sind schätzungsweise 1143 Zeichnungen bekannt, 715 befinden sich davon im Kupferstichkabinett der Staatlichen Kunstsammlungen Dresden. Diesen Fundus hat jüngst Stefan Grosche durch einen Katalog der Zeichnungen dankenswerterweise erstmalig erschlossen, wodurch die Basis für eine zukünftige kunsthistorische Bearbeitung des zeichnerischen Werkes von Carus gelegt wurde. Vgl. Carl Gustav Carus: *Katalog der Zeichnungen im Kupferstichkabinett*, bearbeitet von Stefan Grosche, Dresden 1998 (interner Druck der Staatlichen Kunstsammlungen Dresden).

110 Vgl. auch Tina Grütter: *Melancholie und Abgrund – Die Bedeutung des Gesteins bei C.D. Friedrich*, Berlin 1986.

111 C.G. Carus: *Achter Brief über Landschaftsmalere*i (hrsg. von Gertrud Heider), Weimar 1982, S. 79. Vgl. auch Hans Joachim Neidhardt: *Zur künstlerischen Entwicklung von Carl Gustav Carus*, in: *C.G. Carus in mortis centenarium*, Denkschrift und Ausstellungskatalog zum 100. Todestag, Dresden 1969, S. 32f.

112 C.G. Carus: *Sechster Brief über Landschaftsmalerei*, Weimar 1982, S. 64 (Hervorhebung vom Referenten).

113 C.G. Carus: *Lebenserinnerungen*, Bd. I, S. 145/46.

114 C.G. Carus: *Lebenserinnerungen, Originalausgabe*, Bd. III, S. 176.

115 C.G. Carus: *Lebenserinnerungen*, Bd. I, S. 76.

116 Ebd., S. 66.

117 Ebd., S. 68.

118 Daß die Erde nicht nur ein belebter Organismus ist, sondern daß alle ihre Lebensäußerungen darauf hindeuten, daß sie eine Seele hat, dieser Gedanke taucht schon vor Schelling und Carus in grandioser Weise bei Johannes Kepler (1571–1630) auf. Er schreibt 1607: «Diese und unzählige andere Veränderungen und Phänomene, die in und auf der Erde vorgehen, sind so regelmäßig und abgemessen, daß man sie keiner blinden Ursache zuschreiben kann, und da die Planeten selbst nichts von den Winkeln wissen, welche ihre Strahlen auf der Erde bilden, so muß die Erde eine Seele haben (...) Die ganze Erde ist beseelt, und dadurch wird die große Harmonie sowohl auf der Erde als auch zwischen ihr und den Gestirnen hervorgebracht. Diese Seele wirkt durch den ganzen Erdkörper, hat aber in einem gewissen Teile derselben (...) ihren Sitz; und von da gehen, wie von einem Fokus oder einer Quelle, ihre Wirkungen in den Ozean und die Atmosphäre der Erde aus. Daher die Sympathie zwischen der Erde und den

Gestirnen, daher die regelmäßigen Naturwirkungen. Daß die Erde wirklich eine Seele habe, zeigt die Beobachtung der Witterung und der Aspekte, durch welche sie jedesmal hervorgebracht wird, am deutlichsten.» (Johannes Kepler: *Über das neue Gestirn*, 1607, zitiert aus Ludwig Günther: *Kepler und die Theologie*, Gießen 1905.)
In diesem Zusammenhang muß auf eine außerordentliche, bedeutsame neuere Arbeit hingewiesen werden, welche die Erdseelenlehre Keplers wissenschaftstheoretisch «salonfähig» macht. Es ist die beachtenswerte Dissertation von Harald Schwaetzer: *Si nulla esset in terra anima – Johannes Keplers Seelenlehre als Grundlage seines Wissenschaftsverständnisses*, Ein Beitrag zum vierten Buch der Harmonice Mundi, Georg Olms Verlag, Hildesheim 1997.

119 Wenn hier die Termini «Landschaft als lebendiger Organismus», «Wesen der Landschaft» oder «Seele der Landschaft» gebraucht werden, dann nicht, um historisierende Leerformeln zu gebrauchen oder um wissenschaftstheoretisch längst überholte Trivialzusammenhänge zu konstatieren. Ich bin mir der Diskussion um den «Landschaftsbegriff» durchaus bewußt und kenne sie, insbesondere die kritischen, aufschlußreichen Arbeiten des Kollegen Gerhard Hard.
Die Diskussion scheint mir aber an zwei entscheidenden Mängeln zu leiden: an einer zu ahistorischen Betrachtung. Man kann diese Begriffe von Carus nicht von heute aus beurteilen, sie bedürfen einer zeitimmanenten Interpretation. Das heißt, diese Begriffe sind nur zu verstehen aus der zeitgenössischen Naturphilosophie von Schelling und Carus heraus, die in der Landschaftsdiskussion kaum berücksichtigt worden ist. Weiterhin ist die Kenntnis der Naturanschauung von Goethe (aber auch von Novalis) ebenso notwendig wie die Berücksichtigung der diesbezüglichen Arbeiten Rudolf Steiners (vgl. zum Beispiel Rudolf Steiners Schriften *Grundlinien einer Erkenntnistheorie der Goetheschen Weltenanschauung* oder *Goethes Weltanschauung).* Auch ist eine Einbeziehung der Arbeiten der neueren Kunstwissenschaft zum Beispiel über die Landschaftsdarstellungen C.D. Friedrichs notwendig.
Wenn über hundert Jahre nach dem Tod von Carus die Begriffe «Erdleben», «Erdenseele», «Seele der Landschaft» usw. gebraucht werden, dann hat das nichts mit der teilweisen Perversion dieser Begriffe durch Friedrich Ratzel (1903), Ewald Banse (1924), Willy Hellpach (1911/1949) oder gar mit dem Dritten Reich zu tun. Gerhard Hard hat in seiner Habilitationsarbeit (und in anderen Schriften) scharfsinnig aufgezeigt, wohin das Programm einer solchermaßen aufgefaßten, künstlerisch überhöhten Geographie führen kann.
Dies ist nicht die Zielrichtung der hier vorgelegten Abhandlung. Ohne die Einbeziehung der Kategorie der «ätherischen Bildekräfte» als übersinnlicher Realität wird die Suche nach dem «Wesen der Landschaft», der «Geopsyche» immer in einer Konstatierung von Trivialzusammenhängen

stecken bleiben. Erst wenn man sich auf diese Ebene und die entsprechenden Arbeiten Rudolf Steiners und seiner Schüler einläßt, wird der erneute Gebrauch dieser Begriffe verantwortbar. Zum Verständnis dieser Ebene gehört Goethes Grundüberzeugung hinzu: «Wär nicht das Auge sonnenhaft / die Sonne könnt es nie erblicken; / läg nicht in uns des Gottes eigne Kraft / wie könnt uns Göttliches entzücken?»

120 Wenn von einem Mitschaffen des erkennenden Menschen beim Wahrnehmen und Bilden der Erdenseele die Rede ist, dann ist das erkenntnistheoretisch ganz im Sinne der Naturphilosophie des deutschen Idealismus gemeint, vor allem von Schellings Naturphilosophie. Es ist aber durchaus auch im Sinne der *Philosophie der Freiheit* Rudolf Steiners gelegen, der ja immer wieder betont, daß die Begriffe , die ich als erkennendes Wesen mir zum Beispiel über die Pflanze bilde, genauso zu dieser gehören wie Blüte oder Wurzel. Beide Seiten machen erst die ganze Sache aus, nur ist die eine Seite scheinbar ohne unser Zutun gegeben, die andere muß aktiv schaffend erst hervorgebracht werden.
Genauso ist es in bezug auf die Landschaft und die Erde. Die Erdenseele wird nicht etwa bloß subjektiv vom Menschen geschaffen, sondern erst im tiefer erfassenden menschlichen Geist erkennt die Natur sich selbst; sie braucht des Menschen Geist und Herz, um überhaupt in Erscheinung treten zu können, und sie ist dennoch etwas Objektives, außer dem Menschen Liegendes, nicht etwas, das er nach Belieben aus sich erzeugen könnte. Vgl. dazu auch den Aufsatz von Herbert Lehmann: *Hölderlins geistige Landschaft* (1945), in: *Essays zur Physiognomie der Landschaft*, hrsg. von Renate Müller, Stuttgart 1986, S. 123ff. Außerdem Ekkehard Meffert: *«Erdenleib» und «Erdenseele» – Zum Begriff der «Erdlebenbilder» bei C.G. Carus in seinen Zehn Briefen über Landschaftsmalerei*, in: *Carus-Werksausgabe*, Band I, Dresden ca. 2001.

121 C.G. Carus: *Psyche*, 2. Aufl. 1851, S. 522, oder Kröner TB Nr. 98, Leipzig o. J., S. 471/72.

122 C.G. Carus: *Lebenserinnerungen, Originalausgabe*, Bd. III, S. 217.

123 C.G. Carus: *Psyche*, 2. Aufl. 1851, S. 540f., oder Kröner TB Nr. 98, Leipzig o. J., S. 488ff.

124 C.G. Carus: *Lebenserinnerungen, Originalausgabe*, Bd. III, S. 217.

125 Vgl. dazu auch Emil Bock: *Wiederholte Erdenleben – Die Wiederverkörperungs-Idee in der deutschen Geistesgeschichte,* Stuttgart 1961; darin über Carus, S. 86ff. Und Karl Boegner: *Der Reinkarnationsgedanke bei Carl Gustav Carus*, in *Mensch und Welt*, Juli 1969, S. 249–255.

126 C.G. Carus: *Denkwürdigkeiten*, S. 406f.; die Hervorhebungen stammen vom Referenten.

127 Der Bericht des Abraham von Frankenberg über das Hellsichterlebnis Jakob Böhmes ist zitiert in dem Nachwort von Will-Erich Peukert zur

Schrift von Carl Gustav Carus: *Göthe – zu dessen näherem Verständnis* (1843), Nachdruck, Kurt Desch Verlag 1948, S. 199.

128 Frank Teichmann: *Leuchten der Seele, Licht der Natur – Über Carl Gustav Carus' übersinnliches Erlebnis*, in: *Die Drei*, Stuttgart 1989, S. 928/29. Als Beleg führt Frank Teichmann eine Passage Rudolf Steiners an, die in der Tat in ihrer Verwandtschaft zum Erlebnis von C.G. Carus evident ist. Sie lautet: «Wenn Sie sich meditierend (...) der imaginativen Welt nähern, wenn Sie also beginnen, darum zu ringen, Ihren ätherischen Menschen aus Ihrem physischen Menschen herauszugestalten, so daß dieser ätherische Mensch, der erste übersinnliche Mensch in Ihnen zu einer Art von Bewußtsein gelangt, so können Sie den Schritt gewissermaßen abfangen (...), wo Sie noch nicht das imaginative Anschauen in seiner Gestaltetheit errungen haben, aber auf dem Weg dazu sind. Nun will ich annehmen, daß ein solcher Mensch ja auf dem Wege von der gewöhnlichen Sinnesanschauung zum imaginativen Anschauen ist, einen Weg macht in ein Hochgebirge, in dem besonders reich das Urgebirgsgestein ausgebildet ist (...) Es ist ja so, daß dieses quarzige Kieselgestein im Hochgebirge zunächst ja nur sehr mäßig durchsichtig, durchscheinend ist. Aber in dem Augenblicke, wo wir etwas vordringen, wo wir uns eben durchgerungen haben zu dem Gesichtspunkte, den ich charakterisiert habe, da wird das quarzige Kieselgestein *ganz durchsichtig*. Wir steigen ins Hochgebirge hinauf, und es erscheint uns das quarzige Kieselgestein *wie durchsichtiges Glas* (...) und in demselben Augenblicke beginnt in uns eine Art Gefühl aufzuleben, *durch das wir uns eins fühlen mit dem ganzen Erdendasein* (...) Und durch das, was man durch dieses Einswerden mit dem quarzigen Kieselgestein erlebt, schaut man dann nicht mehr die Erde abgesondert von dem übrigen Weltenall, sondern *man schaut die Erde wie eine Äthersphäre, die aus der Weltenäthersphäre herausgestaltet ist.*» (Rudolf Steiner, Vortrag vom 18. November 1923, in GA 231; Hervorhebungen vom Referenten.)
In der Tat ist die Textstelle Rudolf Steiners in ihrer Verwandtschaft zum Erlebnis von C.G. Carus evident. Dennoch sind übersinnliche Erlebnisse immer mehrschichtig und können mehrdeutig interpretiert werden, ohne daß die verschiedenen Erklärungsebenen einander ausschließen.

129 Nachwort zur Schrift von C.G. Carus: *Die Lebenskunst*, Stuttgart 1968, S. 96.

130 Vgl. Rudolf Steiners Vorträge vom Januar bis zum September 1924 (in GA 235–240).

131 Vgl. Brunetto Latini: *Il Tesoretto – Die Geschichte einer Einweihung an der Schwelle der Neuzeit* (italienisch-deutsch), Stuttgart 1979. Außerdem die Vorträge Rudolf Steiners vom 18. 7., 14. 8., 10. und 12. 9. 1924 (in GA 238, 240 und 243).

132 Wie vertraut auch Carus das griechische Mysterienwesen ist, zeigt seine kleine wunderbare Schrift aus dem Jahre 1863: *Die Lebenskunst nach den*

Inschriften des Tempels zu Delphi (neu herausgegeben von Karl Boegner, Stuttgart 1968).
Daß in Carus eine deutliche Ahnung vom Mysterienwesen des Altertums gelebt hat, darauf weist auch Rudolf Steiner in einem Vortrag vom 29. Dezember 1917 (in GA 180) im Hinblick auf die ägyptischen Mysterien hin, wenn er Carus sinngemäß zitiert, der gesagt habe: «Einfach die Betrachtung der Pyramiden weist darauf hin, daß es in Urzeiten eine Wissenschaft gegeben hat, die verloren gegangen ist und deren Betrachtung geeignet ist, die Menschheit der Gegenwart schamrot werden zu lassen.»

133 Brief Goethes an Jacobi, Karlsbad, 10. Mai 1812.
Vgl. dazu auch das Gedicht Goethes vom 23. 8. 1812 *Groß ist die Diana der Epheser* mit dem Anfangsvers: «Zu Ephesus ein Goldschmied saß / in seiner Werkstatt, pochte, / so gut er konnt' ohn' Unterlaß, / so zierlich er's vermochte. / Als Knab' und Jüngling kniet' er schon / im Tempel vor der Göttin Thron ...»

134 Auf die inhaltliche und schicksalsmäßige Verbindung von Goethe zu den Naturmysterien der Artemis in Ephesus hat F.A. Kipp in einem Vortrag über den Esoteriker Goethe 1982 in Stuttgart hingewiesen.

135 Aus dem Werk *Organon der Erkenntnis der Natur und des Geistes* (1856) von C.G. Carus zitiert Rudolf Steiner eine längere Passage in seinem Buch *Theosophie* (1904), im Kapitel «Das Wesen des Menschen: I. Die leibliche Wesenheit des Menschen». Dieses Zitat betrifft den von Carus so scharf herausgearbeiteten Unterschied zwischen Mensch und Tier bereits auf der leiblich-physischen Ebene. Diesen Unterschied drohte der heraufkommende Darwinismus vollends zu verwischen.

136 In einem Vortrag vom 6. 11. 1916, in GA 172.

137 Zitiert nach Renate Opitz (-Sieweke): Carl Gustav Carus, in: Das Goetheanum, 1953, S. 390ff.

138 C.G. Carus: *Lebenserinnerungen (Das Tagebuch «Tristia»)*, nachträgliche Fußnote, Bd. I, S. 561.

139 1846 ist Carus siebenundfünfzig Jahre alt; es ist die Zeit des dritten Mondknotens. Zur Bibliographie seiner Autobiographie siehe die Angaben unter Anmerkung 12.

140 Goethe in einem Brief an J.F. Wackler vom 24. 10. 1819.

141 C.G. Carus' Testament, zitiert in Otto Carus: *C.G. Carus in seinem Antlitz*, Gotha 1930, S. 41.

VERZEICHNIS UND NACHWEIS DER ABBILDUNGEN

Schutzumschlag, Vorderseite: Siehe Text zu Abbildung 10, S. 43.

Schutzumschlag, Rückseite: Carus-Porträt von Julius Hübner. Öl auf Leinwand, 1844. Carus ist in seinem fünfundfünfzigsten Lebensjahr sehr lebendig und ausdrucksvoll gemalt. Es ist wohl das sein Wesen seelisch am besten aussprechende Bild. Das Buch, auf das sich Carus stützt, ist sein Werk «Von den Ur-Theilen des Knochen- und Schalengerüstes» (1828). Dieses wurde von Goethe und A. v. Humboldt besonders hoch geschätzt. Carus bemerkt zu diesem Bild, «daß mitten unter all den vielfachen Mühen der Vorbereitung zur englischen Reise ich selbst noch von Hübner gemalt wurde. Ich hatte diesem treu befreundeten Manne (...) in schweren Tagen beigestanden (...) und er wollte diesen Mühen ein Gedächtnis stiften durch ein nach Kräften malerisch vollendetes großes Porträt von mir.» (C.G. Carus: Brief an Regis am 28. 5. 1831, Nr. 154, zitiert in M. Prause, 1968, S. 100).
Standort: ursprünglich in Privatbesitz, wurde das Porträt dem Goethe-Museum in Frankfurt (Freies Deutsches Hochstift, Großer Hirschgraben) von der Medizinischen Fakultät der Johann-Wolfgang-Goethe-Universität Frankfurt im Jahre 1930 geschenkt. Foto: Ursula Edelmann, Frankfurt.

Frontispiz: Carus-Porträt. Kreidezeichnung von Vogel von Vogelstein, 1828. Standort: Kupferstichkabinett Dresden. Foto: Deutsche Fotothek, Dresden.

Abb. 1: C.G. Carus: Selbstporträt. Bleistiftzeichnung, 1822. Standort: Stadtmuseum Dresden. Foto: Deutsche Fotothek Dresden.

Abb. 2: C.G. Carus: Kahnfahrt auf der Elbe. Öl auf Leinwand, 1827. Standort und Foto: Kunstmuseum Düsseldorf.

Abb. 3: Titelblatt zu C.G. Carus: «Lehrbuch der Gynäkologie», 3. Aufl. 1852.

Abb. 4: Rezept von Carus für Graf Bose, 16. Dezember 1861. Standort: Goethe-Museum, Freies Deutsches Hochstift, Frankfurt. Foto: Ursula Edelmann, Frankfurt.

Abb. 5: Carus-Porträt. Kreidezeichnung von Joh.Jos. Schmeller, 1837. Standort: Schloßmuseum Weimar. Foto: Kunstsammlung Weimar.

Abb. 6: Reisen von Carus in Italien (1821, 1828, 1841). Vorlage und Reiseroute aus Marianne Prause: «C.G. Carus», Berlin 1968, S. 81 und 82; Veränderungen und Ergänzungen durch E. Meffert. Zeichnung: W. Krafft.

Abb. 7: C.G. Carus: Blick über die Dächer von Florenz. Öl auf Pappe, 1841. Standort: Gemäldegalerie Dresden, Neue Meister. Foto: Deutsche Fotothek Dresden.

Abb. 8: Dante und Brunetto Latini; Fresko «Das Paradies» von Giotto im Bargello/Florenz, 1336. Reproduktion aus Christoph Wetzel: «Dante Alighieri», Salzburg 1979, S. 41.

Abb. 9: Johann von Sachsen (Philalethes). Gemälde von Vogel von Vogelstein, 1832. Foto: Deutsche Fotothek Dresden.

Abb. 10: C.G. Carus: Blick auf Dresden mit Hofkirche und Schloß. Ölgemälde, um 1830. Sammlung Schäfer, Schweinfurth.

Abb. 11: Bildnis von Philalethes (König Johann) auf dem Totenbett (29. Oktober 1873) mit der Vision seines Lebensgenius Dante. Titelkupfer von E. Bendemann. Reproduktion aus Dante Alighieri: «Göttliche Komödie», übersetzt von Philalethes, Teubner Verlag, Leipzig/Berlin 1904.

Abb. 12: Villa Cara. Stich von Carl Pescheck, 1834. Foto: Deutsche Fotothek Dresden.

Abb. 13: Ida von Lüttichau. Marmorbüste von Ernst Rietschel, 1856. Standort: Albertinum Dresden. Foto: Skulpturensammlung Dresden; Fotoarchiv Stautner, Puchheim.

Abb. 14: Alexander von Humboldt, um 1836. Lithographie von A.Ch. Lemoine nach Henri Lehmann. Reproduktion aus Halina Nelken: «Alexander von Humboldt», Berlin 1980, S. 177.

Abb. 15: Goethe im Jahre 1828. Nach dem Bild von Josef Karl Stieler gemalt von Julie Gräfin von Egloffstein. Standort: Goethe-Museum, Freies Deutsches Hochstift, Frankfurt. Foto: Ursula Edelmann, Frankfurt.

Abb. 16: Titelblatt zu C.G. Carus: «Göthe – zu dessen näherem Verständnis», 1843.

Abb. 17: Caspar David Friedrich: Selbstbildnis. Schwarze Kreide, um 1810. Standort: Staatliche Museen zu Berlin, Sammlung der Zeichnungen. Foto: Deutsche Fotothek Dresden.

Abb. 18: C.G. Carus: Frühlingslandschaft im Leipziger Rosental. Öl auf Leinwand, 1814. Standort: Staatliche Kunstsammlungen Dresden, Gemäldegalerie Neue Meister. Foto: Deutsche Fotothek Dresden.

Abb. 19: C.G. Carus: Friedhof am Oybin im Winter. Öl auf Leinwand, 1828. Standort: Museum der bildenden Künste, Leipzig. Foto: Deutsche Fotothek Dresden.

Abb. 20: C.G. Carus: Mondnacht über der Ruine Eldena. Aquarell, Gouache, 1835. Standort und Foto: Museum der bildenden Künste, Leipzig.

Abb. 21: C.D. Friedrich: Ruine Eldena. Sepia, um 1801. Standort: Kupferstichkabinett Dresden. Foto: Deutsche Fotothek Dresden.

Abb. 22: Reiseroute von Carus zur Insel Vilm und zu den Kreidefelsen am Königsstuhl/Rügen, 1819. Topographische Vorlage und Reiseroute aus Marianne Prause, a. a. O., S. 79. Veränderungen durch E. Meffert. Zeichnung: W. Krafft.

Abb. 23: C.G. Carus: Eichen am Meer, Motiv von der Insel Vilm. Öl auf Leinwand, 1835. Standort: Staatliche Kunstsammlungen Dresden, Gemäldegalerie Neue Meister. Foto: Deutsche Fotothek Dresden.

Abb. 24: Reiseroute von Carus zur Insel Staffa, 1844. Topographische Vorlage und Reiseroute aus: Marianne Prause, a. a. O., S. 85. Veränderungen durch E. Meffert. Zeichnung: W. Krafft.

Abb. 25: C.G. Carus: Blick aus der Fingalshöhle auf das Meer. Zeichnung, nach 1844. Standort: Kupferstichkabinett Dresden. Foto: Deutsche Fotothek Dresden.

Abb. 26: C.G. Carus: Felsen in der Sächsischen Schweiz mit Blick auf das Elbetal. Lavierte Bleistiftzeichnung, 1827. Standort: Kupferstichkabinett Dresden. Foto: Deutsche Fotothek Dresden.

Abb. 27: C.G. Carus: Schlucht in der Sächsischen Schweiz. Kohlezeichnung, weiß gehöht, auf Tonpapier, undatiert. Standort: Kupferstichkabinett Dresden. Foto: Deutsche Fotothek Dresden.

Abb. 28: C.G. Carus: Felspartie. Graphitzeichnung, getuscht, undatiert. Standort: Kupferstichkabinett Dresden. Foto: Deutsche Fotothek Dresden.

Abb. 29: Titelblatt zu C.G. Carus: «Psyche – Zur Entwicklungsgeschichte der Seele», 1846.

Abb. 30: Ernst Rietschel: Reliefprofil von Carus im Jahre 1846. Standort: Albertinum Dresden (ein Bronzeabguß schmückt die Rückwand des Erbbegräbnisses auf dem Trinitatis-Friedhof in Dresden). Foto: Deutsche Fotothek Dresden.

Abb. 31: Photographie von Carus, um 1852/55. Reproduziert aus Otto Carus: «Carl Gustav Carus in seinem Antlitzbild», Gotha 1930, Tafel 17.

Abb. 32: Widmungsblatt Alexander von Humboldts an Goethe. Kupferstich, 1807. Reproduziert aus Alexander von Humboldt: «Ideen zu einer Geographie der Pflanzen», Tübingen 1807.

Abb. 33: Titelblatt zu C.G. Carus: «Natur und Idee», 1861.

Abb. 34: Ernst Rietschel: Marmorbüste von Carus, 1860. Standort: Albertinum Dresden (Abguß). Foto: Skulpturensammlung Dresden; Fotoarchiv Stautner, Puchheim.

Abb. 35: Handschrift von Carus. Albumblatt, 16. Juni 1861. Standort: Goethe-Museum, Freies Deutsches Hochstift, Frankfurt. Foto: Ursula Edelmann, Frankfurt.

Abb. 36: Photographie von F. und O. Brockmann: Carus im Jahre 1861. Foto: Deutsche Fotothek Dresden.

LITERATURVERZEICHNIS

Literatur zu Carl Gustav Carus

Arnim, Sophie Gräfin von: *C.G. Carus – sein Leben und Wirken*. Verlag Zahn und Jaensch Nachfahren, Dresden 1930.

Arnold, Friedrich (Hrsg.): *Carl Gustav Carus: Grundzüge allgemeiner Naturbetrachtung – Über Begriff und Vorgang des Entstehens* (mit einer ausführlichen Einleitung von F. Arnold). Reihe: Libelli, Bd. XIX. Wissenschaftliche Buchgesellschaft, Darmstadt 1954.

Arnold, Friedrich: *Der Mensch als Urphänomen – Eine historische Untersuchung zur philosophischen Anthropologie des Carl Gustav Carus*. Dissertation, Mainz 1951.

Arnold, Friedrich: *Vorwort* zur Neuherausgabe der Schrift «C.G. Carus: Psyche» (1846). Wissenschaftliche Buchgesellschaft, Darmstadt 1964.

Bernoulli, Christoph: *Die Psychologie von Carl Gustav Carus und deren geistesgeschichtliche Bedeutung*. Verlag Eugen Diederichs, Jena 1925.

Bock, Emil: *Wiederholte Erdenleben – Die Wiederverkörperungsidee in der deutschen Geistesgeschichte* (darin ein Abschnitt über C.G. Carus, S. 86ff). Verlag Urachhaus, Stuttgart 1961.

Boegner, Karl: *Carl Gustav Carus als Treuhänder der Mitte*. Zu seinem 100. Todestag am 28. Juli 1969. In: *Gegenwart*, Juli/August 1969.

Boegner, Karl: *Carl Gustav Carus' Lebenskunst*. Nachwort zur Schrift «C.G. Carus: Die Lebenskunst nach den Inschriften des Tempels zu Delphi». Reihe: Denken, Schauen, Sinnen, Bd. 38/39. Verlag Freies Geistesleben, Stuttgart 1968.

Boegner, Karl: *Der Reinkarnations-Gedanke bei Carl Gustav Carus – Ein Beitrag zur 100. Wiederkehr seines Todestages am 28. Juli 1969*. In: *Mensch und Welt*, Juli 1969.

Carus, Otto: *Carl Gustav Carus in seinem Antlitzbild* (mit 32 Bildnis-Tafeln). Gotha 1930.

Genschorek, Wolfgang: *Carl Gustav Carus – Arzt, Künstler, Naturforscher*. Reihe: Humanisten der Tat. S. Hirzel Verlag, Leipzig 1978. 2., veränderte Auflage, Leipzig 1988. Restauflage bei Edition Wötzel, Dreieich.

Goldschmidt, Werner: *Die Landschaftsbriefe des C.G. Carus – ihre Bedeutung für die Theorie der romantischen Landschaftsmalerei*. Dissertation, Rostock 1933.

Grosche, Stefan: *Lebenskunst und Heilkunde bei Carl Gustav Carus – Anthropologische Medizin in Goethischer Weltanschauung* (mit 16 unveröffentlichten Briefen von Carus an Goethe). Medizinhistorische Dissertation, 1993, Dissertationsdruck Göttingen 1995.

Haberland, Detlef: *Carl Gustav und seine Reisebeschreibungen.* In: *Geographia Spiritualis.* Festschrift für Professor Hanno Beck. Peter Lang Verlag, Frankfurt am Main 1993, S. 77–85.

Heider, Gertrud: *Nachwort* zur Schrift «C.G. Carus: Briefe und Aufsätze über Landschaftsmalerei». Kiepenheuer Verlag, Leipzig und Weimar 1982.

Heinze, Hans: *Mensch und Erde* (darin ein Kapitel über C.G. Carus mit Auszügen aus dessen Schrift «Grundzüge allgemeiner Naturbetrachtung»). Philosophisch-Anthroposophischer Verlag, Dornach 1983.

Hentschel, Walter: *Villa Cara – Die Geschichte des Dresdener Carus-Hauses.* Schriften der Medizinischen Akademie C.G. Carus Dresden, Bd. 3. Dresden 1963.

Hoppe-Sailer, Richard: *Genesis und Prozeß – Elemente der Goethe-Rezeption bei Carl Gustav Carus, Paul Klee und Joseph Beuys.* In: *Goethe und die Verzeitlichung der Natur* (hrsg. von Peter Matussek), C.H. Beck, München 1998, S. 276–300.

Huch, Ricarda: *Die Romantik – Ausbreitung, Blütezeit und Verfall* (1908; darin ein Kapitel über C.G. Carus). Neuauflage, Hamburg 1985.

Jansen, Elmar: *Carl Gustav Carus, ein Mensch in der Nachfolge Goethes – Eine Einführung in sein Leben und Werk.* Nachwort zur zweibändigen Ausgabe von «C.G. Carus: Lebenserinnerungen und Denkwürdigkeiten». Gustav Kiepenheuer Verlag, Weimar 1966.

Jansen, Elmar (Hrsg.): *Carl Gustav Carus: Lebenserinnerungen und Denkwürdigkeiten* (nach der zweibändigen Originalausgabe von 1865/66, mit einem Nachwort und einem Anhang). 2 Bände. Gustav Kiepenheuer Verlag, Weimar 1966.

Kern, Hans: *C.G. Carus – Persönlichkeit und Werk.* Berlin 1942.

Kern, Hans: *Die Philosophie des Carl Gustav Carus.* Niels Kampmann Verlag, Celle 1926.

Kircher, Berna: *Carl Gustav Carus – seine «poetische» Wissenschaft und seine Kunsttheorie, sein Verhältnis zu Goethe und seine Bedeutung für die Literaturwissenschaft.* Dissertation, Bonn 1962.

Klages, Ludwig: *Die Bedeutung von C.G. Carus für die Psychologie.* In: *Die Tat – Monatsschrift für die Zukunft deutscher Kultur,* Bd. 2 1926/27, S. 39–55.

Kleine-Natrop, H.E.: *Carl Gustav Carus als Naturforscher und Maler.* In: *C.G. Carus in mortis centenarium.* Denkschrift und Ausstellungskatalog zum 100. Todestag. Schriften der Medizinischen Akademie Dresden, Bd. 8. Dresden 1969.

Kleine-Natrop, H.E.: *Das heilkundige Dresden* (darin ein Kapitel über C.G. Carus als Leiter der Entbindungsschule 1814–1827, S. 127–153). Verlag Theodor Steinkopff, Dresden und Leipzig 1964.

Kloppe, Wolfgang: *Erinnerungen an Carl Gustav Carus (1789–1869).* Medicus Verlag, Berlin 1969.

Kroschinsky, Frank und Schreiber, Matthias: *Der Briefwechsel zwischen Carus und Goethe 1818–1831*. Medizinische Dissertation, Dresden 1991.

Kuemell, Kirstin: *Medizin und Kunst in der Autobiographie von C.G. Carus*. Medizinische Dissertation, Lübeck 1995.

Kuhn, Dorothea: *Nachwort* zur Schrift «C.G. Carus: Zehn Briefe über Landschaftsmalerei». Verlag Lambert Schneider, Heidelberg 1972.

Meffert, Ekkehard: *Carl Gustav Carus und Johann von Sachsen – Betrachtung eines Schicksalszusammenhanges*. In: *Die Drei*, Heft 12 1988, S. 990–994.

Meffert, Ekkehard: *«Erdenleib» und «Erdenseele» – Zum Begriff der ‹Erdlebenbilder› bei C.G. Carus in seinen Zehn Briefen über Landschaftsmalerei*. In: *Carus-Werkausgabe, Bd. I: Briefe über Landschaftsmalerei*. Triptychon Verlag, Dresden ca. 2001.

Meffert, Ekkehard: *Vom Bild des Menschen in den Wissenschaften und in der Pädagogik*. In: *Erziehungskunst*, Heft 9 1975, S. 456–473, und Heft 10, S. 506–517.

Meyer-Abich, Adolf (Hrsg.): *Biologie der Goethezeit* (darin: *Carl Gustav Carus – Welches sind die Anforderungen an eine künftige Bearbeitung der Naturwissenschaften?*, S. 205ff). Hippokrates Verlag, Stuttgart 1949.

Meyer-Abich, Adolf: *Goethes Naturerkenntnis – ihre Voraussetzung in der Antike, ihre Krönung durch Carus*. In: *Jahrbuch des Freien Deutschen Hochstiftes*, 1929, S. 296–333.

Neidhardt, Hans-Joachim: *Carl Gustav Carus – Lebenskunst und Lebensgleichnis*. In: *Dresdner Hefte*, Nr. 18 1989.

Neidhardt, Hans-Joachim: *Einleitung* zu «C.G. Carus: Briefe über Landschaftsmalerei». Carus-Werkausgabe, Band I. Triptychon Verlag, Dresden ca. 2001.

Neidhard, Hans-Joachim: *Zur künstlerischen Entwicklung von Carl Gustav Carus*. In: *C.G. Carus in mortis centenarium*. Denkschrift und Ausstellungskatalog zum 100. Todestag. Schriften der Medizinischen Akademie Dresden, Bd. 8. Dresden 1969.

Opitz (-Sieweke), Renate: *Carl Gustav Carus (1789–1869)*. In: *Das Goetheanum*, 6. Dezember 1953, S. 390–392.

Opitz (-Sieweke), Renate: *Der Krankheitsbegriff bei C.G. Carus*. Medizinische Dissertation, Göttingen 1951.

Opitz (-Sieweke), Renate: *Die Idee der Medizin bei Carl Gustav Carus (1789–1869)*. In: *Der Beitrag der Geisteswissenschaft zur Erweiterung der Heilkunst*, Jahrbuch 1952, Bd. III.

Petersen, Peter: *Der Therapeut als Künstler* (darin: *Kosmos und Inferno – Carl Gustav Carus mit heutigen Augen betrachtet*). Neue Wege der Psychotherapie und Psychosomatik. Verlag Peeters, Leuven/NL 1992.

Peukert, Will-Erich: *Nachwort* zur Schrift «C.G. Carus: Göthe – zu dessen näherem Verständnis». Verlag Kurt Desch, München 1948.

Prause, Marianne: *Carl Gustav Carus – Leben und Werk* (hrsg. vom Deutschen Verein für Kunstwissenschaft, mit einem kommentierten Katalog des malerischen Werkes von C.G. Carus). Deutscher Verlag für Kunstwissenschaft, Berlin 1968.

Richter, Dorothea: *Der Begriff des «Erdlebenbildes» bei Carl Gustav Carus.* Unveröffentlichte Staatsexamensarbeit für das Lehramt an Gymnasien. Hochschule für Bildende Künste, Braunschweig 1990.

Schipperges, Heinrich: *Weltbild und Wissenschaft.* Eröffnungsreden der Naturforscherversammlungen 1822–1972 (darin zu Beginn ein Kommentar der berühmten Rede von Carus 1822). Gerstenberg Verlag, Hildesheim 1976.

Schlösser, Manfred (Hrsg.): *Carl Gustav Carus – Denkwürdigkeiten aus Europa* (mitgeteilt von C.G. Carus, zu einem Lebensbild zusammengestellt von M. Schlösser, mit Vorbemerkung und Nachwort). Marion von Schröder Verlag, Hamburg 1963.

Schmidt, P.F.: *Hundert Jahre sächsischer Kunstverein.* Jubiläumsfestschrift (darin in Bd. II eine lebendige Darstellung von Carus als Mensch und Künstler, S. 65– 80). Dresden 1928.

Spiegel, Gustav: *Goetheanismus – Die Psychologie des C.G. Carus.* In: *Die Drei,* Heft 3 1928/29.

Steiner, Rudolf: *Das Karma des Berufes des Menschen in Anknüpfung an Goethes Leben* (darin im Vortrag vom 6. November 1916 Erwähnung von C.G. Carus mit einem längeren Zitat). Rudolf Steiner Gesamtausgabe (GA), Bibl.-Nr. 172. Rudolf Steiner Verlag, Dornach, 5. Aufl. 1991.

Steiner, Rudolf (Hrsg.): *Goethes naturwissenschaftliche Schriften* (herausgegeben, eingeleitet und mit Anmerkungen versehen von R. Steiner; darin im Anhang der ersten Bandes Neuabdruck der drei Schriften von C.G. Carus für Goethes «Hefte zur Morphologie»). GA, Bibl.-Nr. 1, Bde. a–e. Dornach, Reprint 1975.

Steiner, Rudolf: *Mysterienwahrheiten und Weihnachtsimpulse* (darin im Vortrag vom 29. Dezember 1917 Erwähnung von C.G. Carus mit Zitat). GA, Bibl.-Nr. 180. Dornach, 2. Aufl. 1980.

Steiner, Rudolf: *Theosophie – Einführung in übersinnliche Welterkenntnis und Menschenbestimmung* (1904; darin in Kap. I eine Erwähnung von C.G. Carus mit einem längeren Zitat). GA, Bibl.-Nr. 9. Dornach, 31. Aufl. 1987.

Steiner, Rudolf: *Theosophie in Deutschland vor hundert Jahren.* Autoreferat eines Kongreßvortrages vom 4. Juni 1906 in Paris (darin eine kurze Erwähnung von C.G. Carus im Kreis der Naturphilosophen und Goetheanisten). In: *Philosophie und Anthroposophie.* GA, Bibl.-Nr. 35. Dornach, 2. Aufl. 1984.

Stöcklein, Paul: *Carl Gustav Carus – Menschen und Völker.* Verlag Hoffmann und Campe, Hamburg 1943.

Stöcklein, Paul: *Wege zum späten Goethe* (darin: *Nachhall der Grundgedanken – Carus,* S. 362–379). Marion von Schröder Verlag, Hamburg, 2. Aufl. 1960.

Teichmann, Frank: *Leuchten der Seele, Licht der Natur – Über Carl Gustav Carus' übersinnliches Erlebnis.* In: *Die Drei,* 1989, S. 924–929.

Wäsche, Erwin: *C.G. Carus und die romantische Weltanschauung.* Diss., Köln 1933.

Zaunick, Rudolph: *Carl Gustav Carus.* Eine historisch-kritische Literaturschau und zwei Bibliographien. Dresden 1930.

Zaunick, Rudolph (Hrsg.): *Carl Gustav Carus: Gelegentliche Betrachtungen über den Charakter des gegenwärtigen Standes der Naturwissenschaft* (mit einer Einführung neu herausgegeben von R. Zaunick). Verlag Theodor Steinkopff, Dresden 1936.

Zaunick, Rudolph: *C.G. Carus und sein Kreis.* Dresden 1930.

Ein Gesamtverzeichnis der größeren Werke von Carl Gustav Carus findet sich im Anhang des Buches *Carl Gustav Carus: Zwölf Briefe über das Erdleben* (hrsg. von Ekkehard Meffert), Verlag Freies Geistesleben, Stuttgart 1986, S. 256–264.

Eine Bibliographie der selbständigen Veröffentlichungen von C.G. Carus findet sich in den *Schriften der Medizinischen Akademie Dresden* (hrsg. von G. Heidel und M. Lienert), Band 23, 1989, S. 111–125.

Eine umfangreiche Bibliographie der Sekundärliteratur zu Carl Gustav Carus von 1900–1992 findet sich in der oben erwähnten Dissertation von Stefan Grosche, S. 261–275.

Weitere Literatur

Baker, Dora (Hrsg.): *Brunetto Latini: Tesoretto – Die Geschichte einer Einweihung an der Schwelle der Neuzeit* (Italienisch-Deutsch, mit einem Nachwort von D. Baker). Verlag Freies Geistesleben, Stuttgart 1979.

Beck, Hanno: *Alexander von Humboldt.* Eine Biographie in zwei Bänden. Franz Steiner Verlag, Wiesbaden 1959 und 1961.

Beck, Hanno (Hrsg.): *Alexander von Humboldt: Kosmos* (für die Gegenwart bearbeitet von H. Beck). Brockhaus Verlag, Stuttgart 1978.

Beck, Hanno (Hrsg.): *Alexander von Humboldt Studienausgabe, Bd. 7: Ansichten der Natur* (herausgegeben und eingeleitet von H. Beck). Kommentierte Neuausgabe. Wissenschaftliche Buchgesellschaft, Darmstadt 1987.

Beck, Hanno: *Geographie* (darin ein Kapitel über A. v. Humboldt, S. 219–229). Verlag Karl Alber, Freiburg 1973.

Beck, Hanno: *Große Reisende* (darin ein Kapitel über A. v. Humboldt, S. 131–145). Callwey Verlag, München 1971.

Boegner, Karl: *Alexander von Humboldt und Goethe.* In: *Die Drei,* Heft 9 1983.

Boegner, Karl: *Einleitung und Nachwort* zur Schrift «Karl Ernst von Baer: Entwicklung und Zielstrebigkeit in der Natur». Reihe: Schriften des frühen Goetheanismus. Verlag Freies Geistesleben, Stuttgart 1983.

Börsch-Supan, Helmut: *Die Gemälde C. D. Friedrichs im Schinkel-Pavillon*. Verwaltung der Staatlichen Schlösser und Gärten, Berlin 1973.

Einem, Herbert von: *Caspar David Friedrich*. Berlin 1938. 3. Auflage 1950.

Goethe, Johann Wolfgang von.: *Naturwissenschaftliche Schriften*, Bde. 16 und 17. Artemis-Gedenkausgabe, 28. Ausg., München 1949.

Goethe, Johann Wolfgang von: *Sprüche in Prosa* (mit einer Einleitung und Anmerkungen von Rudolf Steiner). Rudolf-Steiner-Taschenbuchausgabe, Bd. 14. Verlag Freies Geistesleben, Stuttgart 1967.

Grütter, Tina: *Melancholie und Abgrund – Die Bedeutung des Gesteins bei C.D. Friedrich*. Dietrich Reimer, Berlin 1986.

Günther, Ludwig: *Kepler und die Theologie*. Gießen 1905.

Hemleben, Johannes: *Das haben wir nicht gewollt – Sinn und Tragik der Naturwissenschaft*. Verlag Urachhaus, Stuttgart 1978.

Hinz, Sigrid: *Caspar David Friedrich in Bekenntnissen und Briefen*. Berlin 1968.

Hoffmann, Werner (Hrsg.): *Caspar David Friedrich*. Katalog zur Friedrich-Ausstellung in der Hamburger Kunsthalle 1974. Prestel Verlag, München 1974.

Kipp, Friedrich A.: *Einleitung und Nachwort* zur Schrift «Karl Snell: Die Schöpfung des Menschen – Vorlesungen über die Abstammung des Menschen». Reihe: Schriften des frühen Goetheanismus. Verlag Freies Geistesleben, Stuttgart 1981.

Lehmann, Herbert: *Hölderlins geistige Landschaft* (1945). In: *Essays zur Physiognomie der Landschaft* (hrsg. von Renate Müller). Franz Steiner Verlag, Stuttgart 1986, S. 123ff.

Lichtenstern, Christa: *Die Wirkungsgeschichte der Metamorphosenlehre Goethes*. VCH, Weinheim 1990.

Meffert, Ekkehard: *Nikolaus von Kues – sein Lebensgang, seine Lehre vom Geist*. Verlag Freies Geistesleben, Stuttgart 1982.

Nager, Frank: *Der heilkundige Dichter – Goethe und die Medizin*. Artemis und Winkler Verlag, Zürich 1999.

Nelken, Halina: *Alexander von Humboldt – Bildnisse und Künstler*. Eine dokumentierte Ikonographie. Dietrich Reimer Verlag, Berlin 1980.

Richter, Gottfried: *Caspar David Friedrich – der Maler der Erdenfrömmigkeit*. Stuttgart 1953.

Schad, Wolfgang (Hrsg.): *Allgemeine Biologie* (herausgegeben, eingeleitet und mit einem Vorwort von W. Schad). Reihe: Goetheanistische Naturwissenschaft, Bd. 1. Verlag Freies Geistesleben, Stuttgart 1982.

Schad, Wolfgang: *Einleitung* zur Schrift «Wilhelm Heinrich Preuss: Geist und Stoff». Reihe: Schriften des frühen Goetheanismus. Verlag Freies Geistesleben, Stuttgart 1980.

Schad, Wolfgang: *Einleitung* zu «Würde der Dinge – Freiheit des Menschen. Textsammlung zur Naturwissenschaft Johann Wolfgang von Goethes». Verlag Urachhaus, Stuttgart 1983.

Schad, Wolfgang: *Zeitgestalten der Natur – Goethe und die Evolutionsbiologie.* In: *Goethe und die Verzeitlichung der Natur* (hrsg. von Peter Matussek), C.H. Beck, München 1998, S. 345–382.

Schleucher, Kurt: *Alexander von Humboldt – der Mensch, der Forscher, der Schriftsteller.* Eduard Roether Verlag, Darmstadt 1984.

Schmied, Wieland: *Caspar David Friedrich.* Dumont Verlag, Köln 1976.

Steiner, Rudolf: *Goethes Weltanschauung* (1897). Rudolf Steiner Gesamtausgabe (GA), Bibl.-Nr. 6. Rudolf Steiner Verlag, Dornach, 8. Aufl. 1990.

Steiner, Rudolf: *Grundlinien einer Erkenntnistheorie der Goetheschen Weltanschauung* (1886). GA, Bibl.-Nr. 2. Dornach, 7. Aufl. 1979.

Suchantke, Andreas: *Skizzen zu einer ökologischen Ethik.* In: *Allgemeine Biologie* (hrsg. von W. Schad). Verlag Freies Geistesleben, Stuttgart 1982.

Sumowski, Werner: *Caspar-David-Friedrich-Studien.* Wiesbaden 1970.

Zimmermann, Ingo: *Zur Charakteristik der Persönlichkeit Johanns von Sachsen.* In: *König Johann von Sachsen – Leben, Werk, Zeit. Sächsische Heimatblätter*, Heft 1, 1992, S. 3–6.

PERSONENREGISTER

NB: Das Register beschränkt sich auf die im Haupttext vorkommenden Namen.